Lustige Kasperlestücke

Lustige Kasperlestücke

Geschichten aus der Kasperkiste

Peter Wilhelm / Jens Steffen

Inhalt

Das Kaspertheater 5

Kasper und das Kätzchen 9

Kasper, Seppel und die Äppel 17

Die Vollmondnacht 27

Das klein, wild Vögelein 36

Kasper und das Gespenst 47

Kasper und die Wunderblume 61

Geheimauftrag für Kasper 71

DAS KASPERTHEATER

Kinder finden Kaspertheater faszinierend, weil für sie die Puppen leben. Die Abenteuer, die Kasper besteht, sind auch die Abenteuer der Kinder.
Alles, was Kaspers heile Welt – und somit die kindliche Seele – am Anfang eines Stücks bedroht (wie Verlust, Trennung, Angst), überwindet Kasper in seinem Spiel und mit ihm die Kinder als teilnehmende Zuschauer. Dazu setzt *unser* Kasper aber nicht – wie es in vielen anderen Kasperstücken üblich war (oder noch ist), seine Pritsche ein. Und da er ein Vorbild für die Kinder ist, sollte er Konflikte mit Witz und List lösen, und ohne „Schlägereien" auskommen. Zudem versucht Kasper nicht, das Böse zu vernichten, sondern er verweist es mit dessen „eigenen Waffen" in seine Schranken. Danach kehrt das Spiel in seinen Ausgangspunkt, die heile Welt, zurück. Die Freude darüber ist so groß, daß ein Fest gefeiert wird.

Die Figuren

Wir stellen stichwortartig die wichtigsten Figuren des Kasperspiels mit ihrer typischen Eigenschaft vor, zunächst die positiven:
Kasper: steht für Lebenskraft und -fülle; ist letztendlich unbesiegbar; Quellen seiner Kraft: Wahrhaftigkeit, glaubt an das Gute, Selbsterkenntnis, Mitgefühl, Humor, Mut, Witz und List.
Die Großmutter: die gute, liebevolle, nährende Mutter (Mutter Erde); steht für Harmonie, Geborgenheit, „Zu-Hause-Sein". Ihr Haus repräsentiert – wie das Königsschloß – die heile Welt.
Seppel: ist oft einfältig, begriffsstutzig, aber ein „guter Geselle"; Kaspers Freund, Spielkamerad und manchmal Helfer.

Das Kaspertheater

Gretel: ob sie Kaspers Mutter, Frau oder Schwester ist, bleibt offen. Sie ist praktisch, hilfsbereit, hilft den Alltag meistern; „steht mit beiden Beinen fest (manchmal zu fest) auf der Erde".

Der König: symbolisiert den mächtigen (übermächtigen) Vater; braucht aber als „weltlicher Herrscher" Kaspers Hilfe, um Gefahren und Unheil zu bewältigen; ist nicht frei, sondern an seine Macht gebunden. – Er belohnt die Tapferen.

Die Prinzessin: ist das liebenswerte, unschuldige Kind, das in Gefahr gerät, beschützt und befreit wird.

Der Hund: Kaspers Freund, Begleiter und manchmal Beschützer; neben Kasper die Lieblingsfigur der Kinder.

Der Wachtmeister: repräsentiert Gesetz und Ordnung des Staats, aber nicht unbedingt Gerechtigkeit; kann Kaspers Helfer sein; ist so schwerfällig, daß er Probleme nicht allein lösen kann.

Die negativen, lebensverneinenden Figuren sind:

Die Hexe: die „böse, verschlingende Mutter" (wie in Märchen), die das Kind nicht in die Freiheit führt.

Der Räuber: der „wilde Mann" (verwandt mit Rübezahl und Knecht Ruprecht); lebt im Wald. Äußerlich frei und ungebunden, aber innerlich gefangen vom Zwang, alles haben zu müssen, was ihm gefällt.

Das Krokodil: steht für das Triebhafte, Animalische und für die eigenen unbewußten Kräfte und Bedürfnisse. Der Kampf gegen das Krokodil (oder gegen den Drachen) steht für den Prozeß des Erwachsenwerdens.

Der Zauberer: hat Zugang zu geheimen Kräften, kann seine Fähigkeiten sowohl heilbringend als auch unheilstiftend anwenden.

Die Musik beim Kasperspiel

Für unsere Stücke wählen wir zumeist bekannte Kinder- und Volkslieder aus, damit jedes Kind mitsingen kann, und begleiten sie mit Gitarre, Flöte oder Akkordeon. Passen die Lieder inhaltlich zum Stück, um so schöner (Kasper und Gretel gehen in den Garten Beeren pflücken und singen „Spannenlanger Hansel …"). Veränderungen der traditionellen Liedtexte haben wir dann vorgenommen, wenn es dadurch lustiger wird.

Die Musik beim Kasperspiel hat folgende Funktionen:

Vor dem Spiel: Die Bühne ist aufgebaut, die Kinder kommen erwartungsvoll und aufgeregt in den Raum. Plätze werden gesucht, Stühle gerückt. Eine heitere, ruhige Musik empfängt die Kinder.

Das Spiel beginnt: Am Anfang eines Stücks findet der Spieler am besten mit einem Lied Zugang zur Puppe. Die Stimme des Spielers wird durch das Singen freier, das Lampenfieber nimmt ab.

Zwischen den Bildern: Meist enden die Bilder damit, daß Kasper sich zu einem anderen (Spiel-)Ort begibt. Dieses „Auf-dem-Weg-Sein" läßt sich mit Musik sehr gut untermalen.

In den Pausen ist es sinnvoll, die Musik weiterzuspielen, um die Aufmerksamkeit zu erhalten. Vor allem die kleineren Kinder wissen dadurch, daß das Spiel noch weitergeht. Außerdem können sie auch mitsingen und -klatschen, um ein Zuviel an innerer Spannung abzubauen.

Die Pausenmusik gibt den Spielern die Möglichkeit, in Ruhe umzubauen und sich auf das nächste Bild vorzubereiten. Zur Entlastung der Spieler ist es sinnvoll, wenn Erwachsene im Publikum die Funktion des „Pausenmusikanten" übernehmen.

Am Ende des Spiels: Die Stücke enden oft mit einem Fest. Der Sieg des Guten wird mit Tanz und Gesang gefeiert. Auch hier dient die Musik wieder dem Sapnnungsabbau, und sie drückt die Freude über das gute Ende aus.

Das Kaspertheater

Einfache Bühnendekoration

Uns ist es wichtig, die entsprechende Stimmung der Handlung mit dem farblich gestalteten Bühnenbild zu erreichen, zum Beispiel: für Großmutters Küche helle Farben (nach Belieben), für den Thronsaal purpurrot und gold (gelb), für Zauberszenen violette und schwarze Tücher.

Das Bühnenbild: Sie benötigen Tücher, Rundstäbe (oder Gardinenstangen), Schals, Folien und Gardinenstoff sowie Haken, Ösen, Steck- oder Sicherheitsnadeln und eventuell Garn, um den Bühnenhintergrund anzufertigen. Auch ohne handwerkliches Können ist der Rundstab leicht mit Haken und Ösen an der Bühnenrückseite befestigt. Hängen Sie ein Tuch (oder anderes Material) über den Rundstab, und bringen Sie es mit Nadeln (und Garn) in die gewünschte Form: glatt, geschwungen, bauschig oder faltig.

Die Bühnendekoration: Die Handlungsorte lassen sich durch Gegenstände aus Puppenstuben oder aus der Spielzeugkiste verdeutlichen, und sie sollten eher zu groß als zu klein sein.

Fehlen bestimmte Gegenstände, dann bitten Sie die Kinder, diese aus Karton zu basteln und zu bemalen. Hierzu sind Wachsmalkreiden am besten geeignet: Die Farbtöne sind intensiv, und mit den Wachsmalklötzchen entstehen keine „Minizeichnungen". Zudem weisen von Kindern gemalte Bilder die Hauptmerkmale eines Gegenstands auf, und sie sind bei allen kleinen Zuschauern sehr beliebt.

Die Beleuchtung: Sie können die Stimmung eines Stücks vertiefen oder verändern, indem Sie verschiedenfarbiges Licht einsetzen. So wirken zum Beispiel rotes und gelbes Licht freundlich, blaues aber kühl. Beleuchten Sie die Bühne wegen des Schattenwurfs grundsätzlich von oben. Für Aufführungen daheim sind Klemmlampen mit verschiedenfarbigen Glühbirnen geeignet. *Achtung:* Glühbirnen dürfen Sie wegen der Hitzeentwicklung niemals mit Tüchern oder mit anderen Materialien verhüllen!

Sie müssen den Umgang mit Beleuchtung vor der Aufführung ausprobieren, denn Sie führen nicht nur die Puppen, sondern Sie bedienen auch die Lichtschalter.

KASPER UND DAS KÄTZCHEN

Kasper und das Kätzchen

Inhalt:	Das Kätzchen der Prinzessin verläuft sich und gerät in Not. Doch es weiß sich zu helfen, und Kasper kommt auch zur Rettung.
Alter:	ab 3 Jahren
Anzahl der Spieler:	1
Spieldauer:	ca. 20 Minuten

1. Bild — Großmutters Küche

Es spielen:	Großmutter, Kasper
Requisiten:	Korb, Milchflasche mit Korken
Bühnenbild:	Großmutters Küche
Musik:	Auf, auf zum Beerenjagen (Melodie: Auf, auf zum fröhlichen Jagen)

2. Bild — Am Waldrand

Es spielen:	Katze, Vogel, Hexe, Kasper
Requisiten:	Korb, Milchflasche, Korken mit Schnur
Bühnenbild:	Am Waldrand
Musik:	Das Kätzchen ist in den Wald gegangen (Melodie: Freut euch des Lebens)

Kasper und das Kätzchen

 Großmutters Küche

Großmutter So, jetzt muß ich mich aber sputen. Kasper wird gleich vom Versteckspielen zurückkommen. Und ich hab' mal wieder viel zu lange Zeitung gelesen. Ich muß noch schnell den Korb für Kasper richten. Er will nämlich Brombeeren sammeln.
Sie packt den Korb weiter, während sie spricht.
Das ist aber auch wahrlich eine traurige Geschichte, die da in der Zeitung steht! Wo ist denn jetzt nur die Milchflasche?
Das arme Kätzchen! Die arme Prinzessin!
seufzend

Kasper kommt

Kasper Schönen guten Tag, Großmütterleinchen.
Guten Tag, Kinder.

Die Kinder antworten.

Großmutter Guten Tag, Kasper, schön, daß du da bist. Der Korb ist gepackt: eine Flasche Milch und belegte Brote.

Kasper Fein, da will ich mal abdampfen zum Bärenjagen.

Großmutter Brombeeren werden nicht gejagt, Kasper, die werden gepflückt.

Kasper Wer weiß, welchen wilden Tieren ich heute noch begegne.

Großmutter Denk dir nur, was ich heute in der Zeitung gelesen habe! Das Lieblingskätzchen der Prinzessin, das kleine Miauileinchen, ist verschwunden!
seufzend
Das arme Kätzchen, die arme Prinzessin.

Kasper und das Kätzchen

Kasper Vielleicht hat es sich ja nur im Schloß verlaufen und spielt jetzt irgendwo in einem der vielen Zimmer!

Großmutter Nein. Leider nicht. Der gesamte Hofstaat hat, so steht es in der Zeitung, das Schloß vom höchsten Turm bis in den tiefsten Keller abgesucht. Danach den Garten, die Pferdeställe, den Park, einfach alles.

Kasper Und?

Großmutter Nichts. Einfach nichts, wie vom Erdboden verschwunden.
seufzend
Das arme Kätzchen! Die arme Prinzessin!

Kasper Das Miauileinchen ist doch so neugierig. Weißt du noch, Großmutter, wie es beim Sommerfest im Schloßpark mit deinem Wollknäuel gespielt hat? Du hast gestrickt, und zuletzt waren alle Stuhlbeine miteinander verbunden. Ja, selbst der Königsthron war ganz versponnen.

Großmutter Ja, ja, und zum Schluß saß das kleine Wesen in meinem Strickkorb, und wir hätten es beinahe mit nach Hause genommen.

Kasper Wenn der Seppel nicht geschrien hätte: „Ein Ungeheuer! Da sitzt ein Ungeheuer im Korb!" Es hatte sich ganz in den Korb verstrickt, nur die Augen schauten heraus.

Großmutter Ach, das liebe Kätzchen! Ich würde es sofort suchen gehen, aber ich finde meine Brille nicht, und ohne Brille kann ich nicht …

Kasper Ist schon gut, Großmutter. Ich gehe erst schnell Brombären jagen …

Großmutter Pflücken, Kasper, pflücken.

Kasper … und danach Kätzchen pflücken.

2. Bild – Am Waldrand

Großmutter Aber Kasper, Miauileinchen ist doch kein Weidenkätzchen, das man vom Baum pflückt. In der Zeitung steht, wer das Kätzchen findet, bekommt von der Prinzessin eine Belohnung.

Kasper Jetzt muß ich aber los zum Bärenjagen.

Kasper singt.
Auf, auf, zum Bärenjagen,
auf in den grünen Wald.
Die Bären werd' ich fangen,
der Korb ist voll schon bald.

Kasper geht ab.

Vorhang zu

 ## Am Waldrand

Ein Vogel fliegt zwitschernd umher. Das Kätzchen Miauileinchen kommt auf die Bühne und will den Vogel fangen, der aber immer wieder weghüpft.

Kätzchen Warte, Piep! Dich fangen will!
Es versucht erneut, den Vogel zu fangen.
Hüpf – ooh – Vöglein weg.
Hüpf – ooh – Vöglein weg.

Der Vogel ist davongeflogen, und Miauileinchen schaut sich suchend um.

Wo Prinzessin ist? Miau! Alleine bin. Miau, mio. Vöglein weg. Prinzessin weg. Miau, mio. Nicht zu Hause bin. Angst hab. Vöglein spielen wollt. Verlaufen hab' mich. Miau, mio.
Das Kätzchen weint.

Kasper und das Kätzchen

Die Hexe geht auf es zu.
Hexe Ja, was haben wir denn da? Ein Kätzchen! Das Kätzchen der Prinzessin! Du sollst mein Kätzchen sein!

Die Hexe lockt das Kätzchen an.
Koomm, Mienz, Mienz, Mienz, koomm zu mir. Hätte ich doch nur meinen Zauberstab dabei.

Kätzchen Will nicht! Hause will!

Hexe Und willst du nicht, so hol' ich dich!

Kätzchen Kriegst nicht Kätzchen.

Hexe Gleich hab' ich dich!

Die Hexe versucht, das Kätzchen zu fangen, doch es entwischt immer wieder. Dann klettert es in die Krone eines Baums. Die Hexe will hinterher und fällt vom Baum. Sie versucht wieder aufzustehen und hat einen Hexenschuß.

Au, mein Kreuz! Ich kann mich nicht mehr rühren. Verflucht und Haselnuß, jetzt hab ich einen Hexenschuß!
Die Hexe humpelt fluchend und jammernd ab.

Das Kätzchen aus dem „Off".
Kätzchen Versteckt hab'. Nicht runter kann. Weinen muß.

Kasper kommt und singt.
Kasper Auf, auf, zum Bärenjagen,
auf in den grünen Wald.
Die Bären werd' ich fangen,
der Korb ist voll schon bald.

Kätzchen Miau, mio.

2. Bild – Am Waldrand

Kasper *Kasper erschrickt.*
Huch, was war denn das? Ein Brummbär? Kinder, war das ein Bär?

Die Kinder antworten.

Kasper Ein Kätzchen? Das Kätzchen der Prinzessin? Das Miauileinchen? Aber wo ist es denn? Hat sich versteckt? Vor der Hexe. Kinder, jetzt sehe ich es, da oben, ganz da oben. In der großen alten Weide. Ha, ha, jetzt ist es also doch ein Weidenkätzchen! Hallo, Miauileinchen, komm runter! Ich bin's, Kasper.

Kätzchen Kann nicht.

Kasper Du kannst nicht?

Kätzchen Angst hab', runterfall.

Kasper Oh je, oh je! Du bist zu hoch hinaufgestiegen und traust dich nicht mehr zurück. Das kenne ich. Warte, ich hole dich.

Kasper geht ab; nach wenigen Augenblicken kommt seine Stimme aus dem „Off".
Gleich bin ich bei dir. Brauchst keine Angst zu haben. Ich halte dich fest. Komm, ich setze dich unter meine Zipfelmütze, und dann geht's vorsichtig nach unten.

Kasper und das Kätzchen treten wieder auf; es bedankt sich schmusend bei Kasper.

So, du Schmusekätzchen, jetzt stehst du wieder sicher auf der Erde. Du brauchst keine Angst mehr zu haben und bist nicht mehr alleine. Warum bist du denn weggelaufen? Das war nicht so toll!

Kätzchen Spielen wollt. Vöglein fangen.

Kasper und das Kätzchen

Kasper Die Prinzessin ist ganz traurig. Du fehlst ihr sehr. Aber wie du die Hexe überlistet hast, das war ganz großartig. Vor der haben wir jetzt erst einmal Ruhe.
Du bist sicher hungrig, hier hab' ich Milch für dich.

Das Kätzchen trinkt Milch aus der Flasche.

Kinder, was macht ihr am liebsten nach dem Essen?

Die Kinder antworten

Spielen, richtig.
Da will ich mal fürs Kätzchen was zum Spielen machen. Der Verschluß von der Milchflasche, ein Band von meinem Schuh, und fertig ist das „Fang die Maus".

Das Kätzchen spielt und freut sich.

So, jetzt geht's dir wieder gut. Und nun machen wir uns auf den Heimweg. Ich bringe dich zur Prinzessin, und zur Belohnung gibt's Brombeeren mit Schlagsahne. Für die Prinzessin und für mich die Beeren und für dich die Schlagsahne.

Kasper singt.
Das Kätzchen ist in den Wald gegangen,
da kam die Hex' und wollt' es fangen.
Es fand ein sicheres Plätzchen
und wurd' zum Weidenkätzchen.
Freut euch des Lebens …

Vorhang zu

KASPER, SEPPEL UND DIE ÄPPEL

Kasper, Seppel und die Äppel

Inhalt:	Seppel ist trotzig, lustlos und schlechtgelaunt. Alle Versuche, ihn aufzuheitern, schlagen fehl. Als der Räuber Urian die Äpfel stiehlt, weiß Seppel plötzlich, was er will.
Alter:	ab 3 Jahren
Anzahl der Spieler:	1
Spieldauer:	ca. 20 Minuten
Es spielen:	Kasper, Seppel, Gretel, Großmutter, Räuber Urian
Requisiten:	Rucksack, Korb, Räubersack
Bühnenbild:	Großmutters Stube
Musik:	Mein Vater war ein Wandersmann Hoch soll er leben

Kasper, Seppel und die Äppel

Großmutters Stube

Kasper kommt singend in Großmutters Stube.
Kasper Mein Vater war ein Wandersmann …

Er spricht mit den Kindern.
Guten Tag, Kinder, schön, daß ihr alle gekommen seid. Das wird ein schöner Nachmittag. Wir gehen an den Bach im Wald, bauen einen Staudamm und eine Hütte und futtern was Leckeres.
Aber, wo ist denn Seppel? Ihr kennt doch den Seppel?

Die Kinder antworten.

Der Seppel ist mein Freund. Habt ihr auch Freunde?

Die Kinder antworten.

Ja, Freunde sind das Beste, was es auf der Welt gibt. Man kann mit ihnen spielen und viel Spaß haben und ordentlich Quatsch machen.
Kinder, ruft doch bitte mal zusammen mit mir den Seppel! Eins, zwei, drei: Seppel!

Alle rufen.

Seppel wartet sicher schon ganz ungeduldig darauf, daß ich ihn abhole.

Seppel betritt die Stube. Er ist mißmutig, lustlos und gelangweilt.

Hallo, Seppel! Du kommst ja so spät. Du hast wohl noch deinen Rucksack gepackt.
Komm, wir wollen gleich losmarschieren.

Kasper, Seppel und die Äppel

Seppel Ist zu weit!

Kasper Ach was, Seppel. Genauso weit wie sonst. Es sei denn, wir laufen über Buxtehude.

Seppel Es ist zu kalt.

Kasper Ach was, Seppel. Du kannst dich doch ganz warm anziehen, dann …

Seppel … dann ist's zu warm.

Kasper Dann ziehst du eben wieder etwas aus.

Seppel Dann ist's zu kalt.

Kasper Dann …
Sag mal, Seppel, was ist dir denn für eine Laus über die Leber gelaufen? Komm, laß uns abzwitschern. Sind wir erst einmal am Bach, dann geht's dir auch gleich wieder besser.

Seppel Nöö, will nicht.

Kasper Du willst nicht, daß es dir wieder gut geht?

Seppel Ich will nicht zum Bach!

Kasper Nicht zum Bach? Och, und ich hab' mich so darauf gefreut. Aber gut, Seppel, du bist mein Freund. Und wenn du nicht zum Bach willst, dann gehen wir eben woanders hin. Was schlägst du vor?

Seppel Nichts.

Kasper Wo ist denn das?

Seppel Ich will hierbleiben.

Großmutters Stube

Kasper Oh, bei dem schönen Wetter! Aber gut, Seppel. Spielen wir also in Großmutters Stube.

Seppel Ich will nicht.

Kasper Du willst nichts spielen? Ja, was willst du denn machen?

Seppel Gar nichts.

Kasper Gar nichts? Überhaupt ganz und gar nichts? Noch weniger als absolut nichts? Sozusagen rein gar nichts?

Seppel seufzt.

Das mußt du aber alleine machen, Seppel, dieses Garnichts. Ich hab' absolut rein gar keine Lust zu deinem Garnichtstun!
Na denn, viel Spaß dabei. Ich gehe jetzt jedenfalls zum Bach.

Kasper geht ab.

Seppel Mir ist so langweilig. Bin so alleine! Keiner spielt mit mir!

Gretel kommt mit einem Korb auf die Bühne.
Gretel Guten Tag, liebe Kinder.

Die Kinder antworten.

Guten Tag, Seppel. Schön, daß du da bist. Seppel, hilfst du mir bitte, einen Korb Holz hereinzutragen? Ich möchte den Badeofen anheizen.

Seppel Hab' keine Lust.

Gretel Na ja. Das ist ja auch nicht sehr lustig, Holz zu schleppen. Aber helfen kannst du mir trotzdem.

Seppel Nöö. Will nicht.

Gretel Aber nachher baden, wenn das Wasser warm ist, das willst du!

Seppel Nöö. Will nicht.

Gretel Hast du was anderes vor? Was willst du denn?

Seppel Gar nichts.

Gretel Gar nichts? Ich glaube, du bist mit dem falschen Fuß aufgestanden, Seppel.

Gretel spricht zu den Kindern.
Solchen Leutchen geht man am besten aus dem Weg! Da lauf' ich lieber zweimal mit meinem Holz. Tschüß, Seppel, und gute Besserung!

Gretel geht ab.

Seppel Mir ist so langweilig. Bin so alleine! Keiner spielt mit mir!

Die Großmutter kommt.
Großmutter Einen wunderschönen guten Tag, mein lieber Seppel.

Seppel Tag.

Großmutter Oh je! Du machst ja ein Gesicht wie neun Tage Regenwetter, und das beim schönsten Sonnenschein.

Die Großmutter wendet sich an die Kinder.
Guten Tag, meine lieben Kinder.
Ich glaube, der Seppel muß mal ein bißchen an die Luft.

Großmutter zu Seppel.
Seppel, geh doch mal bitte für mich zum Kaufmann, und hol' mir ein Päckchen Reißzwecken.

Seppel Nöö. Will nicht.

Großmutters Stube

Großmutter Du willst nicht? Bist du krank, Seppel? Tut dir was weh? Hast du Schmerzen?

Seppel Nöö.

Großmutter Armer Seppel! Dann ist es ja wirklich sehr ernst. Du hast also Kummer, richtigen Kummer. Was ist denn los? Wo drückt dich der Schuh?

Seppel *Seppel antwortet laut, wütend, fast weinend.*
Alle sind doof. Keiner spielt mit mir. Ich will alleine sein. Mir ist so langweilig. Ich weiß nicht, was ich will.

Großmutter Ach Kurt, ach Kurt, ach Kurt! Das ist ja viel schlimmer, als ich gedacht habe.

Die Großmutter zu den Kindern.
Seppel hat den Trotz im Kopf! Eine ganz unangenehme Geschichte! Da hilft nur eins.

Die Großmutter spricht nun mit Seppel.
Seppelchen, da hilft nur eins!

Seppel Was denn?

Großmutter Kartoffelpfannkuchen mit Apfelmus, dein Lieblingsessen.

Seppel Glaubst du?

Großmutter Da bin ich ganz sicher. Das beste Rezept gegen Trotz im Kopf ist Lieblingsessen im Bauch.

Seppel So?!

Großmutter Das wirst du gleich sehen. Ich geh' in die Küche und schäle schon mal die Kartoffeln.

Die Großmutter geht ab.

Kasper, Seppel und die Äppel

Seppel   Hoffentlich hat Großmutter recht. Ich fühle mich ganz elend. Das ist saublöd: Trotz im Kopp.

Kasper kommt zurück.
Kasper   Du Seppel …

Als er Seppels Miene sieht, wendet er sich zunächst an die Kinder.
Der sieht ja noch immer so aus, als hätte er mit einem Elch geknutscht.

Dann spricht Kasper zu Seppel.
Der Räuber Urian treibt sein Unwesen im Dorf. Beim Bäcker hat er so 'ne große Wurst geklaut und beim Metzger neun Brötchen! Oh, ne, ähm, umgekehrt. Beim Bäcker hat er dem Metzger … Ach Quatsch, du weißt schon, was ich meine.
Komm, Seppel, hilf mir! Wir müssen ihn fangen, bevor er noch mehr stibitzt.

Kasper zu den Kindern
Das macht den Seppel bestimmt wieder munter!

Seppel   Nöö. Hab' keine Lust. Hab' Trotz im Kopp.

Kasper   Was hast du? Trotz im Kopp – was ist denn das?

Seppel   So was wie Wut im Bauch, aber man weiß nicht warum.

Kasper   Und was kannst du dagegen tun?

Seppel   Die Großmutter sagt, Lieblingsessen mampfen, das soll helfen.

Kasper   Aha, Kartoffelpfannkuchen mit Apfelmus. Na, dann guten Appetit und gute Verbesserung.
Ich zische los und versuche, den Räuber Urian alleine zu fangen.

Großmutters Stube

Kasper geht ab.

Seppel Ist mir doch egal. Ist mir sowieso alles wurstegal. Ist mir sowieso alles schei – benwurstegal. Ich hab' Trotz im Kopp. Ich hab' keine Lust zu gar nichts.

Während des letzten Satzes schleicht – im Hintergrund – Räuber Urian mit einem Sack auf dem Rücken an Großmutters Haus vorbei.

Kasper kommt zurückgerannt.

Kasper Seppel, aus deiner Medizin gegen Trotz im Kopp wird nichts! Der Räuber Urian hat gerade Großmutters Äpfel aus dem Gartenhäuschen geklaut.

Seppel springt auf, schreit und tobt.

Seppel Was? Ich will aber, ich will aber, ich will aber …! Ich will Pfannkuchen mit Apfelmus!
Der spinnt wohl. Der soll mich kennenlernen. Na warte, du Apfelklau!

Seppel läuft wütend davon.

Kasper Halt, Seppel! Du kannst doch nicht alleine den Räuber … Der ist doch viel zu stark für dich!

Aus dem „Off" ertönt Kampfgeschrei. – Seppel verhaut Räuber Urian und kommt voller Stolz mit dem Sack Äpfel zurück.

Seppel So, das war's.

Kasper Mensch, Seppel. Du bist ja ganz tolle Spitzenklasse! Du hast ganz allein den Räuber in die Flucht geschlagen und ihm die Äpfel wieder abgeknöpft. Und ich dachte, du wüßtest überhaupt nicht mehr, was du willst und hättest keine Lust zu gar nichts.

Kasper, Seppel und die Äppel

Seppel Doch, jetzt weiß ich wieder, was ich will: Kartoffelpfannkuchen mit Apfelmus.
Und Lust, was zu machen, hab' ich auch wieder! Ich feier' mit der Großmutter und mit dir ein Fest! Ein Fest zur Vertreibung des Räubers aus dem Garten und zur Vertreibung des Trotzes aus meinem Kopp.

Kasper Ach, Seppel, jetzt ist alles wieder gut!

Kasper zu den Kindern
Kinder, unser Freund Seppel ist zwar ab und zu trotzig, aber er weiß, was er will; jedenfalls wenn's so richtig drauf ankommt!
Deshalb: Hoch soll er leben, dreimal Hoch.
Hoch, hoch, hoch!

Und nun singt Kasper.
Hoch soll er leben
an der Decke kleben
dreimal hoch!
Hoch, hoch, hoch!

Vorhang zu

DIE VOLLMONDNACHT

Die Vollmondnacht

Inhalt:	Es spukt im Schloßpark. Der König bittet Kasper um Hilfe. Obwohl Kasper sich fürchtet, stellt er sich der Aufgabe und bekommt unerwarteten Beistand.
Alter:	Ab 4 Jahren
Anzahl der Spieler:	1
Spieldauer:	ca. 20 Minuten
Requisiten:	keine
Spielhinweis:	Das „Gespenst" ist zum Beispiel die verkleidete Gretel: Nachthemd, Schlafhaube und dick ausstaffiert. Der Diener Hieronymus kann bei geringfügiger Textänderung ausgespart werden.

1. Bild Im Schloß

Es spielen: König, Hieronymus, Kasper

Bühnenbild: Im Schloß

2. Bild Im Schloßpark

Es spielen: Kasper, „Gespenst", Prinzessin

Bühnenbild: Schloßpark

Musik: Der Mond ist ausgegangen (Melodie: Der Mond ist aufgegangen)

Die Vollmondnacht

 Im Schloß

Der König läuft aufgeregt hin und her.

König Wo Kasper nur bleibt?
Mein guter Hieronimus, jetzt bist du schon seit 55 Jahren königlicher Haus- und Hofmeister. Und zuvor bekleidete dein Vater und davor deines Vaters Vater dieses wichtige Amt bei meinem Vater und meines Vaters Vater.
Aber noch nie in den letzten 99 Jahren hat es bei uns im Schloß gespukt! Doch seit kurzem geistert ein Gespenst durch den nächtlichen Schloßgarten.
Wo Kasper nur bleibt?

Hieronimus Ich habe unseren schnellsten Reiter geschickt, Majestät. Hört doch, ich glaube, Kasper kommt. Ich werde ihm die Tür öffnen.

Hieronimus ab.

König Hoffentlich ist Kasper der richtige für diese schwere Aufgabe. Alle die ich bisher beauftragte, das Geheimnis um das Nachtgespenst zu lösen, haben sich entweder gleich aus dem Staub …

Kasper, der die letzten Worte gehört hat, kommt herein.

Kasper … oder zuvor in die Hosen gemacht.

König Kasper, na endlich! Gut, daß du da bist!
Ich, nein, wir, nein: Das ganze Königreich braucht deine Hilfe!

Kasper Wo brennt's denn, Majestät?

König Es brennt nicht, es spukt!

Die Vollmondnacht

Kasper　Es spuckt, pfui Deibel!
Kasper spuckt aus.
Wer spuckt denn, Majestät?

König　Kasper, benimm dich, die Sache ist ernst, sehr ernst! Seit Ostern spukt es einmal im Monat im Schloß, und vor allem im Schloßpark. Ach, es könnte eigentlich alles so schön sein …
Zu Ostern übernahm die neue Köchin, die dicke Berta, das Regiment in der Küche. Ach, sie kocht soo guut. Ich passe kaum mehr auf den Thron.
Doch nun dieses schreckliche Spukgespenst!

Kasper　Und wer spukt?

König　Das sollst ja du herausfinden, Kasper. Alle die, die ich bisher mit dieser Aufgabe betraut haben, haben sich …

Kasper zittert.
Kasper　… aus dem Staub oder in die Hosen gemacht. Und ich mach' gleich beides Majestät.

König　Kasper, du bist meine letzte Hoffnung. Wenn du den Spuk nicht aufklärst, muß ich mit der Prinzessin und mit dem Hofstaat das Schloß verlassen. Ein König ohne Königsschloß, undenkbar! Alle haben schreckliche Angst und …

Kasper　… und machen sich Staub in die Hosen.
Majestät, ich würde dem Spuk ja allzu gerne ein Ende bereiten, aber ich habe An…
Kasper zittert noch mehr.

König　… Angst?

Kasper　Angst?
zittert

Äähh, nöö. An die Kinder eine Frage.

1. Bild – Im Schloß

Kasper *an die Kinder*
Hallo, Kinder, wollt ihr mir helfen?

Die Kinder antworten.

Auch wenn wir uns vor lauter Angst in die Hosen stauben. Ja?

Die Kinder antworten.

Abgemacht?

Die Kinder antworten.

Wirklich?

Die Kinder antworten.

Wirklich? Ganz ehrlich?

Die Kinder antworten.

Gut! Wenn die Kinder so mutig sind und mir beistehen, dann will ich auch mutig bei mir stehen.

König Dem Himmel sei Dank, Kasper!

Kasper Den Kindern sei Dank, Majestät.

Er wendet sich an die Kinder.
König Was? Oh, ja, den Kindern sei Dank!

Er spricht wieder mit Kasper.
Kasper Ich muß dich nun verlassen. Ich muß zu äußerst dringlichen Geschäften.

König ab

Die Vollmondnacht

Kasper   Der König muß aufs Klo, und ich gehe nach Hause und mache ein Mittagsschläfchen, damit ich heute Nacht ein ausgeschlafenes Bürschchen bin.

Vorhang zu

 ## Im Schloßpark

Es ist Nacht. Katzen miauen, Käuzchen rufen; es ist unheimlich.

Kasper   Hallo, Kinder, da seid ihr ja. Ich bin hier im Schloßpark und warte auf das Gespenst. Bisher hat es noch nicht herumgesponnen. Sagt mal, Kinder, fürchtet ihr euch?

Die Kinder antworten.

Braucht ihr (auch) nicht. Ich bin ja bei euch. Seid ihr auch bei mir?

Die Kinder antworten.

Gut. Dann hab' ich auch überhaupt gar nicht so viel Angst. Nur noch ein bißchen. Zum Glück ist Vollmond. Da ist es wenigstens nicht ganz so dunkel. Hoffentlich läuft das Spukgespenst schnell weg, wenn es uns sieht!
Kinder, wißt ihr was? Ich hab da so 'ne Idee. Wir üben mal Grimassenschneiden und Lautsein, damit sich das Spukgespenst ins Hemd macht, wenn es uns sieht. Und schleunigst aus dem Staub verschwindet.

Kasper und die Kinder üben Grimassenschneiden und rufen wild durcheinander. Währenddessen läuft das Gespenst mit vorgestreckten Armen schlafwandelnd im Hintergrund umher.

Huch! Da war es! Kinder, habt ihr das gesehen?

2. Bild – Im Schloßpark

Die Kinder antworten.

Kasper Sagt mal, hat das Gespenst denn Tomaten auf den Augen und Gurken in den Ohren? Wir schreien und schneiden Grimassen so schrecklich wir können, und das Gespenst wandelt an uns vorbei, als ob es schläft.

Die Prinzessin kommt.

Prinzessin Kasper, Kasper, da bist du ja!

Kasper Huch, oh jeh! Hab' ich mir jetzt vielleicht in die Hosen … nee … Prinzessin?! Was machst du denn hier?

Prinzessin Ich habe dich und die Kinder so schrecklich rufen gehört, und da dachte ich, ihr braucht meine Hilfe. – Aber jetzt hab' ich selbst ganz schön Furcht hier draußen in der Vollmondnacht.

Kasper Trotzdem, Prinzessin, wie mutig von dir, uns zu helfen. Schau, den Kindern und mir geht's ganz genauso. Wir haben Angst, und doch sind wir mutig. Komm, Prinzessin, wir verstecken uns da hinter der Hecke.
Kinder, und ihr könnt einander an den Händen fassen, da wird der Mut noch größer.
Prinzessin, komm, wir machen uns aus dem Staub.

Das Gespenst läuft im Hintergrund vorüber.

Prinzessin Kasper, nun warte doch. Das Gespenst kommt mir irgendwie bekannt vor. Diese kugelrunde Figur. Ich hab's, Kasper! Die dicke Berta! Das Gespenst ist gar kein Gespenst, sondern die dicke Berta, die neue Köchin.

Kasper Bist du sicher, Prinzessin?

Prinzessin Sicher wie ein Dreirad! – Aber ich verstehe das nicht! Was macht die dicke Berta um diese Schlafenszeit bei Vollmond im Park?

Die Vollmondnacht

Kasper Vielleicht will sie mal wem im Mondschein begegnen. Oder sie möchte dem Mann im Mond zuwinken. Aber die scheint mir eher ein bißchen nach dem Mond zu gehen.

Prinzessin Stimmt Kasper.

Kasper Was stinkt?

Prinzessin Stimmt! Die Köchin geht nach dem Mond.

Kasper Aber sie ist doch keine alte Uhr, die verkehrt geht.

Prinzessin Nein. So mein' ich das doch nicht. Sie schaut in den Mond.

Kasper Ach so. Du meinst, sie will sich bräunen?

Prinzessin Bräunen?

Kasper Ja, kennst du nicht das Gedicht: „Danke, lieber Mond für deine Sonnenstrahlen"?

Prinzessin Mir scheint, Kasper, du lebst hinter dem Mond.

Kasper Ich? Wieso ich?

Prinzessin Na, überleg doch mal! Was tut die dicke Berta?

Kasper Weiß ich doch nicht! Sie wandelt schlafend über die Wiese wie ein Mondkalb.

Prinzessin Ja, Kasper, du hast es.

Kasper Ich? Wo?

Prinzessin Kannst du den letzten Satz nochmal wiederholen?

Kasper Wieder-holen? Aber wo ist er denn hingegangen?

2. Bild – Im Schloßpark

Prinzessin   Ach Kasper, du machst mich durcheinander. Du hast gesagt „Sie wandelt schlafend über die Wiese wie ein Mondkalb".

Kasper   Du meinst, sie schlafwandelt?

Prinzessin   Ja, sie schlafwandelt, sie ist mondsüchtig! Bei Vollmond läuft sie schlafend umher und ist völlig harmlos.

Kasper   Mondsüchtig? Sonnenklar! Mondsüchtig! Die Köchin ist das Nachtgespenst. Einmal im Monat bei Vollmond. – Toll, Prinzessin! Ohne dich hätte ich mir bestimmt in die …, äh, ich meine, ohne dich würde ich noch immer hinter dem Mond leben.
Der König wird sich freuen. Ihr müßt das Schloß nicht verlassen, und alles ist wieder gut! – Jetzt Marsch ins Bett, und morgen früh berichten wir alles seiner Majestät.

Prinzessin   Dabei wollte ich nur den Kindern und dir helfen. Und jetzt haben wir sogar das Geheimnis vom Spukgespenst gelüftet. Gute Nacht, Kasper. Gute Nacht, Kinder.

Kasper   Gute Nacht, Prinzessin.
So, Kinder, ich muß jetzt auch noch ein bißchen an der Matratze horchen. Gespenster erschrecken macht müde. Auf dem Heimweg singen wir noch ein Lied nach diesem nächtlichen Abenteuer.

Kasper und die Kinder singen.
Der Mond ist ausgegangen,
die goldnen Sternlein fangen
zum Tanze woll'n sie gehn.
Sie tanzen einen Reigen
und woll'n uns damit zeigen,
daß Tanzen ist so wunderschön.

Vorhang zu

DAS KLEIN, WILD VÖGELEIN

Das klein, wild Vögelein

         Inhalt: Ein kleines, wildes Vögelein erfreut alle mit seinem Gesang, bis es von der Hexe gefangen wird. Kasper überwindet – mit Hilfe der Kinder – die Macht der Hexe.
         Alter: ab 5 Jahren
         Anzahl
der Spieler: 2
   Spieldauer: ca. 35 Minuten
       Hinweis: Spieler 1: Kasper, Großmutter, Vögelein
                Spieler 2: Seppel, Gretel, Hexe
                Der Vogel (bemalter Karton) wird an einem Stab geführt.

1. Bild Auf dem Weg vor dem Haus

    Es spielen: Kasper, Seppel, Gretel, Großmutter, Vögelein
   Requisiten: Körbe, Besen
   Bühnenbild: Vor dem Haus
        Musik: Geh aus mein Herz, und suche Freud

2. Bild Im Wald

    Es spielen: Seppel, Hexe, Vögelein, Kasper, Gretel
   Requisiten: Körbe, Zauberstab
   Bühnenbild: Wald
        Musik: Es saß ein klein, wild Vögelein
               Wenn ich in mein Gärtlein geh'
               Hänsel und Gretel

3. Bild In der Hexenküche

    Es spielen: Hexe, Vögelein, Kasper, Fiffi
   Requisiten: Vogelkäfig, Zauberstab, Töpfe, Pfannen
   Bühnenbild: Hexenküche
        Musik: Morgens früh um sechs
               Freut euch des Lebens

Das klein, wild Vögelein

 Auf dem Weg vor dem Haus

Kasper, Gretel und Seppel auf dem Heimweg vom Schwimmbad. Sie singen fröhlich: „Geh aus mein Herz und suche Freud"

Seppel Es ist mir ein Rätsel, wo schon wieder meine Badehose steckt.

Gretel Das ist doch ein leichtes Rätsel. Die liegt sicher noch genau dort auf der Wiese im Schwimmbad, wo du sie ausgezogen hast.
Ich weiß aber ein richtiges Rätsel:
„Erst weiß wie Schnee,
dann grün wie Klee,
dann rot wie Blut
schmeckt allen Kindern gut."
Kinder, wißt ihr's?

*Die Kinder raten.
(Auflösung: Kirsche)*

Seppel Ich weiß auch ein Rätsel:
„Es rüttelt sich
und schüttelt sich
und macht ein Häufchen unter sich."
Kinder, wißt ihr das auch?

*Wieder raten die Kinder.
(Sieb)*

Kasper Und jetzt ich:
Welches ist der kälteste und welches ist der wärmste Vogel?
Kinder, könnt ihr dieses Doppelrätsel lösen?

1. Bild – Auf dem Weg vor dem Haus

Die Kinder raten.
(Der Zeisig, der Zeisig, der ist hinten eisig.
Das Möwchen, das Möwchen, es hat hinten ein Öfchen.)

Das klein, wild Vögelein kommt und pfeift.

staunend
Gretel Was ist denn das für ein Vögelchen? Kein Zeisig und keine Möwe.
Wie schön es singt! Und es hat ein so schönes Federkleid.

Kasper Das ist ein kleines, wildes Vögelein. Das gehört niemandem, und es singt nur dann, wenn es selbst Lust und Laune dazu hat.

Vögelein ab.

Sie ruft aus dem „Off".
Großmutter Kasper! Gretel! Seppel!

Die Großmutter kommt gespielt empört auf die Bühne.
Ihr seid mir auch so richtige wild Vögelein! Den ganzen lieben langen Tag seid ihr ausgeflogen, und zu Hause helft ihr auch nur dann, wenn ihr Lust und Laune dazu habt. So, für heute habt ihr aber genug gefaulenzt. Es gibt noch jede Menge im Garten zu tun. Der Salat schießt schon.

Seppel Hilfe, Großmutter, dann gehe ich aber nicht in den Garten.

Alle Ha, ha! Der Seppel, der alte Schlauberger.

Kasper Seppel, dann darfst du im Mai auch nicht in den Wald.

Seppel Warum, Kasper?

Kasper Du kennst doch das Lied „Der Mai ist gekommen, die Bäume schlagen aus".

Das klein, wild Vögelein

Kasper gibt Seppel spielerische Ohrfeigen.

Großmutter Genug jetzt mit euren rätselhaften Sprüchen. An die Arbeit!
Seppel, du gehst in den Wald und sammelst Holz für den Backofen.
Kasper und Gretel gehen in den Garten und pflücken Erdbeeren. Und ich gehe jetzt in die Küche und rühre den Kuchenteig.

Alle Oh ja, toll, wie schön! Du bist unsere Beste!

Großmutter Aber zuvor fege ich noch die Straße.

Kasper Die wird doch sowieso wieder dreckig!

im Umdrehen
Halt, Großmutter, du fegst in die falsche Richtung! Du läufst ja direkt in den Wald. Willst du etwa auch die Waldwege kehren?

Großmutter Ach Kurt, ach Kurt, ach Kurt! Ich seh' ja so schlecht ohne meine Brille. Wenn ich ohne Brille nur besser sehen könnte, dann könnte ich meine Brille vielleicht wiederfinden. Aber weil ich ohne meine Brille so schlecht …

Kasper Ist schon gut, Großmutter.
Komm, ich bring' dich auf den rechten Weg.

Großmutter Was, du mich?

Kasper singt, und die Großmutter stimmt mit ein: „Geh aus mein Herz, und suche Freud …"

Vorhang zu

2. Bild – Im Wald

 Im Wald

Seppel singt. „Es saß ein klein, wild Vögelein".

Das Vögelein kommt angeflogen und pfeift, während Seppel Holz sammelt.

Seppel Oh, da ist er ja wieder, der schöne Vogel! Den will ich fangen. Für mich. So einen schönen Vogel hat keiner. Wie der pfeifen kann!

ganz stolz
Da werden alle neidisch sagen: „Guckt mal, was der Seppel für einen Vogel hat!" Den muß ich einfach auch haben. Komm, komm, komm.

Seppel versucht den Vogel zu fangen, fällt auf die Nase und gibt es auf.
Na gut, dann hab' ich eben keinen Vogel.

Seppel ab; die Hexe kommt.

Hexe Was sehe ich da! Ein kleines, wildes Vögelein. Das gefällt mir aber. Das singt so schön! Das paßt ja verdammt gut in den goldenen Käfig in meiner Hexenküche.
Komm, komm, mein kleines Vögelchen. Komm her zu mir. Bei mir wirst du schön artig sein und für mich singen, wann immer ich will.

Das Vögelein hüpft weg. Nachdem die Hexe einige vergebliche Fangversuche unternommen hat, wird sie immer wütender.

Ihre Stimme wird beim Sprechen immer schriller.
Na komm schon, du frecher Vogel. Kriegst auch immer fette Heuschrecken, Maden und Würmer zu fressen. He, komm endlich her, du Biest! Mein goldener Käfig wartet schon auf dich.

Das klein, wild Vögelein

Hexe *Sie kreischt.*
Verdammt noch mal, du dämlicher Piepmatz, wenn du nicht willst, dann kann ich auch anders. Schließlich hab' ich ja meinen Zauberstab!
Knochenmehl und Eierschaum.
Flieg herab von deinem Baum!
Kraft in meinem Zauberstab,
mach, daß ich das Vöglein hab'!
Das Vöglein ist gefangen.

Na siehst du wohl, mir kannst du nicht entgehen. Dank der Kraft meines Zauberstabs. Und nun in den goldenen Käfig mit dir!

Hexe mit Vogel ab; Kasper und Gretel kommen mit ihren Erdbeerkörben in den Wald. Sie wollen nochmal das klein, wild Vögelein aufsuchen. Sie singen das Lied „Wenn ich in mein Gärtlein geh"

Kasper Es ist so still hier.
Wo ist denn der kleine, wilde Vogel?

Die Kinder erzählen von der Hexe.

Wir müssen den kleinen Vogel befreien. Denn wenn er gefangen ist, singt er nicht mehr. Und wenn er nicht mehr singt, wird er immer trauriger. Er kann nur singen, wenn er in Freiheit lebt.

wendet sich an die Kinder
Kinder, wollt ihr mir helfen? Ich hab' da so 'ne Idee.
Wir schleichen uns zum Hexenhaus und gucken durchs Fenster in die Hexenküche.
Gretel, du bringst der Großmutter die Erdbeeren für den Kuchen.

Beide singen „Hänsel und Gretel verliefen sich im Wald" und gehen nach verschiedenen Seiten ab.

Vorhang zu

In der Hexenküche

Der Vogel ist im Käfig eingesperrt; die Hexe hantiert in der Küche und singt dabei etwas krächzend das Lied „Morgens früh um sechs".

Dann wendet sie sich barsch an das Vögelein.

Hexe So, und nun sing für mich. Los, mach schon, du sollst für mich singen!
Du willst wohl nicht? Bist stumm, weil ich dich gefangen habe. Na warte, dir werd' ich helfen!
Schließlich bin ich eine Hexe und habe einen Zauberstab.
Sie holt den Zauberstab.

drohend
So, jetzt wirst du dich gleich wundern, du störrischer Vogel, du!
Singe, singe, sing für mich!
Nun werde ich verzaubern dich!
Mach den Schnabel auf und zu
Singe jetzt für mich im Nu!

Vögelein Muh, muh, muh.

Die Hexe ist erstaunt.
Hexe Nanu?! War wohl der falsche Spruch. Aber gleich hab' ich's!
Singe für mich schön wie nie.
Gib dir jetzt mal endlich Müh!

Vögelein Kickeriki, kickeriki.

wütend
Hexe Du blöder Vogel, willst mich wohl zum Narren halten. Dir werd ich's zeigen!
Sing für mich schön und genau,
sonst hau' ich dir die Federn blau!

Das klein, wild Vögelein

Vögelein	Wau, wau, wau.
	Die Hexe will den Vogel hauen. Da nimmt er ihr den Zauberstab weg und wirft ihn zum Fenster raus.
Hexe	Heh, bei dir piepst's wohl! Erst läßt du dich nicht zum Singen zwingen, und jetzt wirfst du noch mein bestes Stück, meinen Zauberstab, zum Fenster hinaus. Na warte, wenn ich ihn erst wieder habe, dann verwandle ich dich in ein Grammophon!
	Kasper kommt mit dem Zauberstab herein.
Kasper	Schluß jetzt, du alte Vogelscheuche! Glaubst du denn, das klein, wild Vögelein will für so eine wie dich singen? Eine, die es einsperrt und gefangen hält. Aber jetzt kannst du ihm nichts mehr tun, denn ohne deinen Zauberstab kannst du nicht mehr zaubern. Du alte Spinatwachtel! Laß jetzt den Vogel frei!
Hexe	Nöö!
Kasper	Was, du willst nicht? Kinder, wollen wir der Hexe jetzt mal ordentlich Angst machen? Gut, dann müßt ihr jetzt dreimal ganz doll schreien, so laut wie ihr könnt!
	Die Kinder schreien.
Hexe	Au, au, hört auf, meine Ohren! Aufhören! Wenn ich den Vogel frei lasse, bekomm' ich dann meinen Zauberstab wieder?
Kasper	Nöö, erst, wenn du ein Rätsel gelöst hast.
Hexe	Dann mußt du aber auch erst ein Rätsel lösen, bevor ich den Vogel fliegen lasse.

3. Bild – In der Hexenküche

Kasper Na gut. Kinder, ihr helft mir doch?!

Hexe Ich kenn' ein kleines, weißes Haus,
hat nichts von Fenstern, Türen, Toren.
Und will, wer drinnen wohnt, heraus,
so muß er erst die Wand durchbohren.

Kasper überlegt; nach einer Weile murmelt er vor sich hin.
Kasper Ei, ei, ei. Ist das aber schwierig!

Die Hexe fuchtelt wütend mit den Armen.
Hexe Zerrissen und aufgetrennt! Woher hast du das gewußt?

Kasper Was?

Hexe Naja, daß es das Ei war.

Kasper Hab' ich doch gar nicht. Aber jetzt, wo du es mir verraten hast, jetzt weiß ich es.

Hexe Verflixt und zugestrickt! Wenn dieser Kasper auftaucht, geht aber auch alles schief!

Kasper Los jetzt, laß den Vogel frei!

Die Hexe öffnet den Käfig. Das Vögelein bedankt sich bei Kasper und fliegt davon.

Und jetzt geht es um den Zauberstab. Kannst du das Rätsel nicht lösen, so bleibt er bei mir.
Wer ist das: Die einzige Tochter der Schwiegermutter von meines Bruders Vater?
(Mutter)

Hexe Die einzige Tochter von ... also, die Schwiegermutter ... und der Bruder? Nein, nochmal!
Sie grübelt und grübelt, kann aber das Rätsel nicht lösen.

Das klein, wild Vögelein

Kasper Na schön, dann bleibt der Zauberstab bei mir. Und ich hab' auch schon so 'ne Idee, was ich mit ihm mache. Kinder, ihr kennt doch meinen Hund, den Fiffi. Ruft ihn bitte mal.

Die Kinder rufen, und Fiffi kommt.

Schau mal, Fiffi, was ich für dich habe. Damit spielen wir jetzt Stöckchenholen.

Kasper wirft den Zauberstab; Fiffi läuft von der Bühne ab. Die Hexe läuft tobend weg.

Seht ihr, Kinder. Wer Rätsel lösen kann, der braucht vor Hexen keine Angst zu haben. Und auf euren Nachhauseweg möchte ich euch noch ein Rätsel mitgeben: Welcher Peter macht den größten Lärm?
(Trompeter)

Fiffi, Vögelein und Gretel kommen zurück auf die Bühne, und alle singen das Lied „Freut euch des Lebens".

Vorhang zu

KASPER UND DAS GESPENST

Kasper und das Gespenst

Inhalt: Kasper verkleidet sich als Gespenst und sorgt für Verwirrung. Mit einer List will er den Räuber Urian fangen.
Alter: Ab 4 Jahren
Anzahl der Spieler: 2
Spieldauer: ca. 35 Minuten
Hinweis: Spieler 1: Kasper, Großmutter, Gespenst
Spieler 2: Seppel, Gretel, Räuber Urian

1. Bild Großmutters Küche

Es spielen: Kasper, Gretel, Großmutter, Seppel
Requisiten: Gespensterkostüm für Kapser, Besen, Riechsalz, Bratpfanne, Korb mit Äpfeln
Bühnenbild: Großmutters Küche
Musik: Im Wald, da sind die Räuber

2. Bild Im Wald

Es spielen: Kasper, Räuber Urian, Gespenst
Requisiten: Kartoffelsack
Bühnenbild: Wald
Musik: Im Wald, da sind die Räuber
Ein Räuber längs des Waldes ging (Melodie: Ein Jäger längs des Weihers ging)

3. Bild Großmutters Küche

Es spielen: Kasper, Gretel, Großmutter, Seppel
Requisiten: Prinzessinkostüm für Gretel, Königskostüm für Seppel, Luftschlangen, Konfetti, Luftballons, Seifenblasen
Bühnenbild: Großmutters Küche
Musik: Freut euch des Lebens

Kasper und das Gespenst

Großmutters Küche

Der Vorhang öffnet sich, und Kasper kommt als Gespenst verkleidet in die Küche.

Kasper Hahh, hihh, hohh, huuuuhh!
Hahh, hihh, hohh, huuuuhh!
Guten Tag, Kinder, habt ihr mich erkannt?

Die Kinder antworten.

Ich bin's, der Kasper.
Seh' ich nicht wie ein echtes Gespenst aus? Ich finde mich ganz toll!
Kinder, ruft doch bitte die Gretel. Ich will mal schauen, ob mein Kostüm wirklich so gut ist, daß selbst Gretel mich nicht erkennt. Ihr dürft mich aber nicht verraten. Bei drei ruft ihr die Gretel.
Eins – zwei – drei!

Die Kinder rufen Gretel; Kasper geht ab.

Gretel kommt.
Gretel Guten Tag, liebe Kinder. Habt ihr Kasper gesehen?

Die Kinder antworten.

Wo der nur wieder steckt! Er soll der Großmutter noch Kartoffeln aus dem Keller holen, für Kartoffelpfannkuchen. Sie hat mal wieder die Brille verlegt und findet die Kellertür nicht. Und mir ist's zu dunkel im Keller, ich trau' mich nicht runter.

verschämt
Ich hab' doch Angst vor Gespenstern.

Kasper und das Gespenst

Kasper   Hahh, hihh, hohh, huuuuhh!

Gretel   Hilfe, Hilfe, ein Gespenst!

Kasper   Hahh, hihh, hohh, huuuuhh!

Gretel   Kinder, helft mir! Oh, was soll ich nur tun? Großmutter, Hilfe! Großmutter!

Die Großmutter kommt schnell in die Küche gelaufen.

Großmutter   Was seh' ich da? Auch ohne Brille! Mitten in meiner frisch geputzten Küche – ein Gespenst, ein echtes Gespenst! Na warte, dir werd' ich helfen, einfach in meiner Küche rumzugeistern!

Sie nimmt die Bratpfanne und haut sie dem „Gespenst" auf den Kopf.

Kasper   Au, au, au!

Kasper geht ab.

Großmutter   So, das wär' geschafft. Am hellichten Tag ein Gespenst in meiner Küche! Oh Kurt, oh Kurt, oh Kurt!
Mir wird ganz schwummerig vor Augen. Welch eine Aufregung! Ich glaub', ich werd' ohnmächtig. Ich hab' gerade aus meiner eigenen Küche, höchstpersönlich ein Gespenst vertrieben. Das war zuviel. Oh Kurt, oh Kurt, oh Kurt! Kinder, ruft bitte schnell den Kasper. Ich brauche mein Riechsalz.

Kasper kommt ohne Verkleidung, hat ein Fläschchen in der Hand.

Kasper   Ja, ja, hier bin ich schon Großmütterleinchen.

Großmutter   Wie schön, daß du da bist. Stell dir vor, in meiner Küche war ein Gespenst. Ich brauch' unbedingt mein Riech… Du hast es ja schon mitgebracht. Woher wußtest du, daß … Sag mal Kasper, was hast du da für eine große Beule?

1. Bild – Großmutters Küche

Kasper Ich, wo denn?

Gretel zeigt auf Kaspers Kopf.
Gretel Na hier. An deiner Birne.

Kasper faßt sich an den Kopf.
Kasper Au, au. Eine Beule an meiner Birne!

Großmutter Komisch, komisch. Dieses „Au, au" klingt mir so vertraut in den Ohren, als hätte ich es schon mal gehört. Das ist doch wirklich sehr komisch!

Gretel Das Gespenst warst du, Kasper?! Ich hab' dich erkannt. Los gib's doch zu!

Kasper Was soll ich denn zugipsen?

Seppels Stimme ertönt aus dem „Off".
Seppel Kasper, Großmutter, Hilfe, Hilfe!

Großmutter Das Gespenst hat den Seppel erschreckt. Schnell, Kasper! Lauf in den Garten, du mußt ihm helfen.

Kasper Was? Das Gespenst? Aber ich war doch … äähh, ja.

Kasper brummelt noch einige unverständliche Wörter weiter.

Seppel, halt aus, ich komme!

Seppel kommt angerannt; Kasper und Seppel stoßen mit den Köpfen zusammen.

Oh je, noch 'ne Beule an der Birne!

Seppel Großmutter, ich hab den Räuber Urian im Garten gesehen mit einem Sack auf dem Rücken. Er sprang gerade über die Gartenmauer und ist auf und davon.

Alle   Mit einem Sack auf dem Rücken?

Großmutter   Ach Kurt, ach Kurt, ach Kurt! Die Kartoffeln! Er hat unsere Kartoffeln gestohlen, unsere letzten Winterkartoffeln aus dem Keller.
Gretel, lauf mal schnell in die Vorratskammer und schau nach, ob die Äpfel noch da sind.

Gretel ab

Seppel   Nie wieder Kartoffelpuffer!

Kasper   Nie wieder Kartoffelbrei!

Seppel   Nie wieder Bratkartoffeln!

Kasper   Nie wieder Kartoffelsuppe!

Seppel   Nie wieder Kartoffelfritz!

Kasper   Hääähhh? Was ist denn das? Kartoffelfritz?

Seppel   Na, Kartoffelfritz halt. Diese langen, gelben Dinger.

Kasper   Ach – Pommes Frites!

Seppel   Na, ja, sag' ich doch. Fritz. Kartoffelfritz: Nie wieder!

Kasper   Hör schon auf, du Rübe! Wir müssen dem Räuber Urian den Sack mit den Kartoffeln wieder abjagen.
Es dauert noch … Wochen/Monate, bis es im Garten neue Kartoffeln gibt.
Das halt ich nicht aus! So lange ohne Kartoffeln!
Kar-tof-fel-stro-phal. Ka-ta-stro-fel. Nee, nee, so nicht!

Alle   Aber wie?

Kasper grübelt.

Kasper   Ich hab da so 'ne Idee.

1. Bild – Großmutters Küche

Seppel Was hast du denn vor?

Kasper Ich werde den Räuber Urian überraschen. Der wird sich wundern!

Gretel bringt einen Korb mit Äpfeln.
Gretel Ein Glück! Die Äpfel hat er nicht geklaut.

Kasper Sehr schön! Ihr macht jetzt das Apfelmus, und ich hole die Kartoffeln für die Pfannkuchen zurück.

Alle Au ja! Aber sei vorsichtig!

Kasper Wenn die Kinder mir helfen, klappt's bestimmt.

Er wendet sich an die Kinder.
Kinder, wollt ihr mir helfen?

Die Kinder antworten.

Dann kommt mit mir in den Wald! Und auf dem Weg singen wir ein Lied. Ihr kennt es sicherlich.

Kasper beginnt zu singen.
Im Wald, da ist der Räuber,
halli, hallo der Räuber
mit unserm Krumbeersack.

Kasper geht ab.

Vorhang zu

Kasper und das Gespenst

 Im Wald

Kasper
Kasper ist als Gespenst verkleidet; er singt.
Im Wald sind die Gespenster,
halli, hallo Gespenster,
die können schrecklich schrein.

Er spricht zu den Kindern.
Kinder, erkennt ihr mich?

Die Kinder antworten.

Ich bin's, der Kasper. Hab' mich wieder als Gespenst verkleidet. Damit werde ich dem Räuber Urian riesengroße Angst einjagen, und dann werde ich ihm den Kartoffelsack wegnehmen.
Wollt ihr mir wirklich dabei helfen?

Die Kinder antworten.

Gut. Dann üben wir jetzt mal gemeinsam den schrecklichen Gespensterschrei, und der geht so:
Hahh, hihh, hohh, huuuuhh!
Hahh, hihh, hohh, huuuuhh!
Auf drei geht's los! Eins – zwei – drei!

Kasper und die Kinder machen ein paar Mal den Gespensterschrei.

zufrieden
So, wunderbar. Und jetzt müßt ihr mucksmäuschenstill sein. Ich sehe dahinten was unter der großen Kastanie am Waldrand; da bewegt sich was. Ich sehe einen wilden Mann! Das ist bestimmt der Räuber Urian.
Ich verstecke mich hier im Gebüsch, und auf drei macht ihr den Gespensterschrei.

Kasper versteckt sich.

2. Bild – Im Wald

Räuber Urian geht – mit dem Kartoffelsack auf dem Rücken – in Richtung Gebüsch, und dabei singt er sein Räuberlied.

Räuber Urian Ein Räuber längs des Waldes ging,
klau Räuber, klau.
Kartoffeln in dem Säckchen drin,
klau Räuber, klau, Räuber, klau, klau, klau.
Du schlauer Räuber, starker Räuber,
klau, klau.
Du schlauer Räuber, klau.
Du starker Räuber, klau.

Räuber Urian stellt den Sack ab und spricht ganz stolz zu sich selbst.
Hööhh, hööhh, hööhh. Das war ja wieder mal perfekte Arbeit: ausbaldowern – Schmiere stehen – zupacken – verduften. Hööhh, hööhh, hööhh. Die werden Augen machen!
Der Räuber klopft sich auf den Bauch.
Und ich hau' mir die Wampe voll. Bratkartoffeln, eimerweise Bratkartoffeln! Hööhh, hööhh, hööhh.
Ich seh's schon vor mir.

Er flüstert den Kindern zu.
Kasper Eins, zwei, drei!

Kasper und die Kinder rufen den Gespensterschrei.
Hahh, hihh, hohh, huuuuhh!
Hahh, hihh, hohh, huuuuhh!

Kasper ruft alleine, während er aus seinem Versteck hervorspringt.

Jetzt hab' ich den Sack im Nu!

Kasper bückt sich nach dem Sack.

Der Räuber macht einen großen Schritt auf Kasper zu.
Räuber Urian Nanu, was ist denn das für'n fliegendes Unterhemd? Ich glaub' doch nicht an Gespenster.

Kasper und das Gespenst

	Kasper greift mit beiden Händen nach dem Sack; Räuber Urian zieht ihn am Kostüm.
Räuber Urian	Ach, der Kasper. Hab' ich's mir doch gleich gedacht! So, Bürschchen, du trägst mir jetzt den Kartoffelsack.
	Kasper schlüpft aus dem Kostüm.
Kasper	Verflixte Sieben, so ein Mist!
	Kasper rennt weg.
Räuber Urian	Hööhh, hööhh, hööhh. Wußt' ich's doch. Es gibt keine Gespenster. Mich führt keiner an der Knollennase herum. Hööhh, hööhh, hööhh.
	Das kleine Waldgespenst kommt zu Fuß.
Waldgespenst	Huuii, huuii, huuii.
	verächtlich
Räuber Urian	Hööhh, hööhh, hööhh. Jetzt kommt auch noch der Seppel. Komm nur her, Bürschchen, dir zieh' ich auch noch das Tuch über die Ohren! Ich glaub' doch nicht an Gespenster! Ich doch nicht. Ich der Räuber Urian.
Waldgespenst	Huuii, huuii, huuii.
	Das Gespenst fliegt nun und verhaut Räuber Urian.
	entsetzt
Räuber Urian	Au, au, ein Gespenst, ein wirkliches Gespenst!
	Räuber Urian läßt den Sack stehen und läuft schnell davon.
	Kasper kommt.
Kasper	Seppel, bist du das? Das hast du aber toll gemacht. Ich wußte gar nicht, daß du fliegen kannst? Zieh dein Kostüm ruhig aus, der Räuber Urian ist verduftet.

2. Bild – Im Wald

Waldgespenst Ich bin nicht der Seppel, und das ist kein Kostüm.

Er ist erstaunt.
Kasper Das ist kein Kostüm? Ja – soll das heißen, du bist ein wirkliches Gespenst?

Waldgespenst Ja, ich bin das kleine Waldgespenst.
Es hat mir Spaß gemacht, dem Räuber Urian endlich mal einen Denkzettel zu verpassen. In Zukunft wird er sich etwas zurückhalten mit seinen Frechheiten – oder er kriegt es wieder mit mir zu tun!

Kasper Ach, du liebes, kleines Waldgespenst! Wie schön, daß es dich gibt.
Am liebsten würde ich dich jetzt zum Pfannkuchenessen bei der Großmutter einladen. Aber Großmutter würde bestimmt ohnmächtig werden. Heute noch einmal ein Gespenst in der Küche – das wäre zuviel für sie.
Aber ich möchte dir doch so gerne danken.

Kasper überlegt.
Ich hab's: Wir treffen uns um drei an der großen Kastanie am Waldrand, und ich bring' dir ein paar Pfannkuchen mit. Danach gehen wir ins Dorf zum Kindermaskenball und feiern Fasnacht zusammen.

Waldgespenst Ja, geht denn das? Haben denn die Kinder keine Angst vor mir?

Kasper Das werden wir gleich wissen.

Kasper wendet sich an die Kinder.
Kinder, ihr habt doch keine Angst vor dem kleinen Waldgespenst?!

Die Kinder antworten.

Und beim Maskenball sind ja alle verkleidet. Da merkt keiner, daß du ein echtes Gespenst bist.

Kasper und das Gespenst

Waldgespenst	Oh jaa, da freu' ich mich. Bis nachher Kasper. Auf Wiedersehn, Kinder. Huuiihh.
	Das Gespenst fliegt weg.
Kasper	Sicherheitshalber ziehe ich das Gespensterkostüm wieder an. Der Räuber Urian wird in Zukunft um jedes Gespenst einen weiten Bogen machen. Und jetzt, ab durch die Mitte! Mit den Kartoffeln zur Großmutter. Bis nachher, Kinder.
	Die Kinder verabschieden sich auch.
	Vorhang zu

 Großmutters Küche

Großmutter	Wo Kasper nur bleibt? Das Apfelmus ist fertig, und ich bin aufgeregt. Hoffentlich ist alles gut gegangen!
Gretel	Es ist allerhöchste Eisenbahn, Großmutter. Ich muß mein Kostüm für das Fest anziehen. Du auch, Seppel.
Seppel	Kann ich nicht als Seppel gehen?
Gretel	Quatsch, komm nur. Das wird ein Spaß, und wir beide werden alle überraschen.
	Gretel und Seppel gehen ab; Kasper kommt als Gespenst mit dem Kartoffelsack auf dem Rücken.
Kasper	Hier bin ich wieder.
Großmutter	Ach Kurt, ach Kurt, ach Kurt! Schon wieder das Gespenst. Dir werd' ich helfen.

3. Bild – Großmutters Küche

Die Großmutter jagt dem „Gespenst" mit ihrer Bratpfanne hinterher.

Kasper Halt, aufhören!
Ich bin's doch, der Kasper!

Großmutter Du willst der Kasper sein?

Die Großmutter fragt die Kinder.
Kinder, glaubt ihr das?

Die Kinder antworten.

Kasper zieht das Kostüm aus, und die Großmutter umarmt ihn.

Du Lausbub! Wie kannst du nur deine arme alte Großmutter so erschrecken!

Kasper Großmutter, was denkst du, wie ich mich erschrocken habe? Im Wald war ein wirkliches Gespenst, das kleine Waldgespenst. Doch das war lieb und hat mir geholfen, dem Räuber Urian den Kartoffelsack wieder abzujagen. Dafür habe ich es zum Fasnachtsfest eingeladen.

Großmutter Dann ist ja alles wieder gut, Kasper.
Übrigens, zum Fasnachtsfest haben sich noch mehr Gäste angesagt.

Die Großmutter spricht so leise zu den Kindern, daß Kasper es nicht verstehen kann.
Jetzt wollen wir mal schauen, ob Kasper auf die Verkleidungen hereinfällt.

Gretel und Seppel kommen als Prinzessin und als König.

Kasper ist überrascht.
Kasper Guten Tag, Prinzessin, guten Tag, Herr König.
Was führt euch in Großmutters Küche?

Kasper und das Gespenst

Gretel Willst du uns nicht angemessen, also mit einer tiefen Verbeugung begrüßen, Kasper?

Kasper Oh, Verzeihung! Ich bin ja so überrascht.
Kasper verbeugt sich zweimal tief.

Seppel Kasper, das kannst du jetzt immer machen, wenn du mich siehst. Schön, richtig schön, so begrüßt zu werden.

Kasper fragt verunsichert.
Kasper Seppel?

Gretel Und mir, der Gretel gefällt es auch, wie eine richtige Prinzessin begrüßt zu werden.

immer noch erstaunt
Kasper Gretel? Seppel und Gretel! Ich glaub', ich seh' Gespenster. Gretel und Seppel als Prinzessin und als König.
Das wird ein tolles Fasnachtsfest, sogar mit König und Prinzessin.

Kasper spricht zu den Kindern.
Kinder, und wenn ihr zum Maskenball geht und Gespenster seht oder selbst eines seid, dann ruft ein dreifach kräftiges Hahh, hihh, hohh, huuuuhh! Hahh, hihh, hohh, huuuuhh! Hahh, hihh, hohh, huuuuhh!

Dann singt Kasper „Freut euch des Lebens".

Vorhang zu

KASPER UND DIE WUNDERBLUME

Kasper und die Wunderblume

Inhalt:	Kasper und Seppel finden im Wald eine Wunderblume, die ihnen drei Wünsche erfüllen will. Sie merken, daß das Wünschen gar nicht so einfach ist. Und so geht es auch dem Räuber Urian, der die Wunderblume stiehlt. Aber Kaspers Wunsch, die kranke Prinzessin wieder gesund zu machen, geht schließlich doch noch in Erfüllung.
Alter:	ab 6 Jahren
Anzahl der Spieler:	2
Spieldauer:	ca. 40 Minuten
Hinweis:	Spieler 1: Kasper, Korb, Prinzessin Spieler 2: Seppel, Krokodil, Räuber Urian Der Korb und die Wunderblume werden mit Stöckchen (von unten) geführt.

 Im Wald

Es spielen:	Kasper, Seppel, Krokodil, Räuber Urian, Wunderblume
Requisiten:	Wunderblume (im Topf), Korb
Bühnenbild:	Wald
Musik:	Kasper mit der Mütze (Melodie: Spannenlanger Hansel) Seht ihr einen wilden Mann (Melodie: Ein Mann, der sich Kolumbus nannte)

2. Bild Vor der Räuberhöhle

Es spielen:	Kasper, Seppel, Räuber Urian, Wunderblume, Prinzessin
Requisiten:	Wunderblume, Flöte
Bühnenbild:	derselbe Hintergrund; u. U. Höhle angedeutet
Musik:	Seht ihr einen wilden Mann Freut euch des Lebens

Kasper und die Wunderblume

 Im Wald

Kasper und Seppel pflücken Brombeeren und singen.

Kasper/Seppel   Kasper mit der Mütze,
Seppel mit dem Hut.
Pflücken heute Brombeer'n,
mmhhm, die schmecken gut.
Eine in den Korb,
eine in den Mund;
und ein Brombeerkuchen:
Die Prinzessin wird gesund.

Kasper   Auf geht's, Seppel, noch zwei Hände voll, dann haben wir genug Brombeeren.
Die Großmutter backt dann den Kuchen, und wir bringen ihn der armen Prinzessin, damit sie wieder gesund wird. Das wichtigste beim Gesundwerden, ist die Freude. Und vielleicht freut die Prinzessin sich so über ihren Lieblingskuchen, daß das Fieber wie ausgeblasen ist.

Seppel   Ach Kasper, es sind doch schon genug Beeren! Der Korb ist so schwer. Meine Hände sind von den Brombeerdornen ganz zerkratzt, und Bauchweh hab' ich auch!

Kasper   Ja, Seppel, du hast halt mehr Brombeeren in den Mund als in den Korb getan!

Seppel stolpert.

Seppel   Aua! Jetzt bin ich auch noch hingefallen. Wegen dieser blöden Pflanze hier!
Er faßt die Pflanze an und zerrt an ihrem Stengel.
Na warte, du stehst niemandem mehr im Weg! Ich reiß' dich aus.

Wunderblume   Halt, hör bitte auf! Tu mir nicht weh!

Kasper und die Wunderblume

Seppel Huch! Kasper hör mal, die kann ja reden!

Kasper Eine Blume, die reden kann?

Wunderblume *Sie spricht sanft und freundlich.*
Ja. Ich bin eine Regenbogenblume. Ich wachse da, wo ein Regenbogen die Erde berührt hat, und deshalb habe ich Zauberkraft.

Kasper/Seppel *erstaunt, wie aus einem Mund*
Zauberkraft?

Wunderblume Wenn ihr gut zu mir seid, dann kann ich euch drei Wünsche erfüllen.

Kasper/Seppel Drei Wünsche?

Wunderblume Grabt mich mit den Wurzeln aus, und nehmt mich mit nach Hause.
Kasper und Seppel graben sie aus.

Kasper So, Seppel, weiter geht's.
Das ist ja toll! Drei Wünsche!

Seppel Oh je, schon wieder den schweren Korb schleppen! – Wie wär's wenn ich mir wünsche …
Eins – zwei – drei –, den ersten Wunsch, den hab' ich frei!
Ich wünsche mir, daß der Korb von alleine nach Hause läuft.

Der Korb läuft ein Stück voraus und wartet auf Seppel und auf Kasper.

Hurra! Ich brauch' ihn nicht mehr schleppen.

Kasper Seppel! Bist du denn von allen guten Geistern verlassen? Wir sollten uns die Wünsche für wichtigere Dinge aufheben! Zum Beispiel dafür, daß die Prinzessin wieder gesund wird.

1. Bild – Im Wald

Seppel Können wir ja noch machen. Wir haben ja noch zwei Wünsche. Und wenn wir den Brombeerkuchen gegessen haben und die Prinzessin gesund ist, dann wünschen wir uns – ein riesengroßes Erdbeereis! So groß wie ein Berg!

Kasper Gute Idee, Seppel, das machen wir. Warte mal, ich muß mal den Wald gießen.

Kasper geht ab.

Seppel Was macht er denn jetzt? Den Wald gießen?

Seppel überlegt noch ein wenig.
Ach so, Kasper muß mal! Hihihi.

Das Krokodil kommt und will Seppel fressen.

Hilfe, Hilfe, Kasper! Das Krokodil denkt, ich wär' 'ne Bratwurst.

Kasper kommt.
Kasper Eins – zwei – drei, den zweiten Wunsch, den hab ich frei. Ich wünsche mir, daß das Krokodil sieben Tage lang Maulsperre hat.

Das Krokodil hat nun Maulsperre und geht ab.

Oh je! Der zweite Wunsch ist weg!

Seppel Arme Prinzessin. Jetzt bleibt nur noch ein Wunsch – Erdbeereis!

Kasper Aber Seppel, du kannst doch nicht die Prinzessin ...

Räuber Urian schleicht sich an.
Räuber Urian Geld oder Leben? Ähh, Blume oder Leben? Ich hab' euch beobachtet. Ich weiß genau Bescheid. Hände hoch! Alles stehn und liegen lassen! Und ab durch die Mitte!

Kasper und die Wunderblume

          Kasper, Seppel und der Korb laufen davon.

Räuber Urian   Höööhhh, höööhh, höööhh. Jetzt geht mein allergrößter Wunsch in Erfüllung. Endlich werde ich der reichste Mann der Welt! Ich bin doch nicht so blöd wie der Seppel und wünsche mir einen Berg Erdbeereis. Ich wünsche mir einen Berg aus Gold. Höööhh, höööhh, höööhh!
Und jetzt schnell nach Hause. Direkt neben die Räuberhöhle lasse ich mir den Goldberg zaubern!
Komm, Blümchen, auf geht's, reich werden!
Räuber Urian geht mit der Wunderblume ab.

          Kasper und Seppel kommen.

Kasper   Wenn sich der Räuber Urian einen Goldberg wünscht, können wir der Prinzessin nicht helfen. Wir müssen ihm die Regenbogenpflanze unbedingt gleich wieder abluchsen, bevor er seinen Wunsch ausspricht.

Seppel   Aber wie? Ich hab' Angst vor Räuber Urian.

Kasper   Tja, wir müssen es eben schlau anfangen.

          Kasper wendet sich an die Kinder.
Kinder, helft ihr uns?

          Die Kinder antworten.

Ich hab' da so 'ne Idee.

          Er spricht wieder mit Seppel.
Wir reden dem Räuber Urian ein, daß er krank ist, dieselbe Krankheit hat wie die Prinzessin. Wir sagen ihm, daß er sich angesteckt hat, als er letzten Sonntag im Schloß die silbernen Puddinglöffel geklaut hat.

Seppel   Aber wie bekommen wir die Blume?

Kasper   Wir versprechen ihm – im Tausch für die Blume – eine Medizin, die ihn wieder gesund macht.

Seppel   Aber er ist doch gar nicht krank!

Kasper   Ja, eben! Die Kinder müssen uns helfen, ihm das einzureden. Kinder, ihr helft uns doch?

Die Kinder antworten.

Kasper   Auf geht's zur Räuberhöhle!

Kasper singt.
Seht ihr einen wilden Mann;
widewidewitt, bum, bum.
So ist's bestimmt der Urian,
widewidewitt, bum, bum.
Klaut alles, was er kriegen kann,
und schleppt's in seine Höhle dann.

Vorhang zu

 Vor der Räuberhöhle

singt
Räuber Urian   Seht ihr einen wilden Mann,
widewidewitt, bum, bum.
Bin ich's, der Räuber Urian,
widewidewitt, bum, bum.
Klau' alles, was ich kriegen kann,
und schlepp's in meine Höhle dann.
Jetzt bin ich zu Hause, nur noch die Pflanze abstellen,
und in ein paar Sekunden bin ich der reichste Mann der Welt! Höööhh, höööhh …

Kasper und Seppel nähern sich vorsichtig.

Kasper   Armer Räuber Urian.

Räuber Urian   Ja, ja, aber nicht mehr lange! Gleich bin ich reich.

Kasper   Armer, kranker Räuber Urian!

Kasper und die Wunderblume

Räuber Urian Ja, ja.
Was ist? Wieso krank? Was wollt ihr überhaupt hier, verduftet!

Kasper Wir wollen nur Abschied von dir nehmen.

Räuber Urian Abschied? Wieso?

Seppel Weil du doch so eine schlimme, ansteckende Krankheit hast!

Räuber Urian Höööhh, höööhh, höööhh. Ich und krank? Ich bin kerngesund! Ich werd' euch gleich den Hintern kräftig versohlen, wenn ihr nicht sofort verschwindet!

Kasper Armer Räuber Urian! Du siehst schon ganz elend aus.

Kasper fragt die Kinder.
Gell, Kinder, der Räuber Urian sieht doch ganz krank aus?

Die Kinder antworten.

Zeig mal deine Zunge!

verunsichert
Räuber Urian Meine Zunge? Wieso, was ist damit?

Kasper Dacht' ich's mir doch! Ganz rot. Schlimm, schlimm.

noch verunsicherter
Räuber Urian So wirklich? Ja, aber …

Kasper Oh je, oh je, und du hast ja auch den Kopf zwischen den Ohren!

Der Räuber Urian greift sich vorsichtig an den Kopf und jammert.
Räuber Urian Tatsächlich. Ist das schlimm?

2. Bild – Vor der Räuberhöhle

Kasper   Naja, wie man's nimmt! Sag' mal, bist du abends müde?

stammelt unsicher
Räuber Urian   Na, eigentlich, ja, doch.

Kasper   Aha, typisch. Alles genau wie bei der Prinzessin! Du hast dich angesteckt beim Löffelklauen. Tja, da kann man nichts machen! Leb wohl, ähh, mach's gut, ähh, naja tschüß denn, armer Räuber Urian.
Kasper und Seppel wollen gehen.

Aber der Räuber hält sie zurück.
Räuber Urian   Halt, wartet, bleibt doch noch! Laßt mich nicht allein, helft mir! Oh je, oh je. Ich armer, reicher Urian! Was nützt mir jetzt ein Berg von Gold. Habt ihr denn keine Medizin für mich? Ich geb' euch dafür, was ihr wollt.

Kasper   Wir wollen nur unsere Regenbogenblume, und dafür kriegst du von uns eine Medizin, die dich froh und munter macht.

Räuber Urian   Froh und munter, das wär' schön! Was hilft mir ein Berg von Gold, lieber froh und munter. Hier, nehmt die Pflanze, her mit der Medizin!

Kasper nimmt die Pflanze und gibt Räuber Urian eine Flöte.
Kasper   Hier ist die Medizin.

Räuber Urian   Was, eine Flöte? Was soll ich denn damit? Etwa runterschlucken?

Kasper   Nee, sondern immer, wenn du dich schlecht fühlst – so wie jetzt –, dann spielst du drauf und tanzt dazu, und schon geht's dir gut. Du kannst gleich damit anfangen. Viel Spaß und gute Besserung!

Räuber Urian   Ob das hilft? Ich probier's mal.

Räuber Urian geht flötend ab.

Kasper und die Wunderblume

Seppel Müssen wir jetzt wirklich mit dem letzten Wunsch zur Prinzessin?

Kasper Nöö!

Seppel Ach, toll! Dann wünschst du dir also doch Erdbeereis.

Kasper Seppel, Seppel. Du nimmersattes Schleckermaul. Nein. Ich wünsche mir sofort und auf der Stelle, bevor nochmal was dazwischenkommt etwas anderes.
Eins – zwei – drei, den dritten Wunsch, den hab' ich frei: Ich wünsche mir die gesunde Prinzessin herbei.

Die Prinzessin kommt.

Prinzessin Huch! Träum' ich? Ist das ein Fiebertraum? Kasper?! Seppel?!

Kasper Nein, Prinzessin, du bist wieder gesund. Mit dieser Wunderblume haben wir dich gesund gewünscht.

Seppel Haben wir jetzt die Brombeeren umsonst gesammelt?

Kasper Nein, natürlich nicht. Wir laden die Prinzessin zum Brombeerkuchenessen ein.

Prinzessin Und ich spendiere eine große Portion Erdbeereis mit Schlagsahne.

Dann stimmt die Prinzessin das Lied „Freut euch des Lebens" an.

Vorhang zu

GEHEIMAUFTRAG FÜR KASPER

Geheimauftrag für Kasper

Inhalt:	Der König hat Kasper rufen lassen: Der berüchtigte Knopfräuber ist aus dem Gefängnis ausgebrochen. Zur gleichen Zeit geraten Gretel und Fiffi beim Pilzesuchen an den Zauberer Holypokus. Dieser verliert seinen Zauberstab an den Räuber. So hat Kasper einige Mühe, alles zu einem guten Ende zu bringen.
Alter:	ab 6 Jahren
Anzahl der Spieler:	2
Spieldauer:	ca. 45 Minuten
Hinweis:	Spieler 1: Kasper, Fiffi, Räuber, Hexe, Fliege, Krokodil Spieler 2: Großmutter, Gretel, König; Wachtmeister, Zauberer, Seppel Der Puppen- und der Stimmlagenwechsel müssen gut geübt werden. Die Fliege im 4. Bild ist nur imaginär.
Es spielt:	Kasper
Requisiten:	Brief; Gong und Schlegel
Bühnenbild:	Vor dem Vorhang
Musik:	Ri, ra, rutsch, der König fährt 'ne Kutsch

1. Bild Großmutters Küche

Es spielen:	Großmutter, Gretel, Fiffi
Requisiten:	Korb
Bühnenbild:	Küche
Musik:	Ein Mädlein ist im Walde (Melodie: Ein Männlein steht im Walde)

Geheimauftrag für Kasper

2. Bild — Im Thronsaal

Es spielen: Kasper, König, Wachtmeister
Requisiten: keine
Bühnenbild: Der Thronsaal

3. Bild — Im Wald

Es spielen: Gretel, Fiffi, Räuber, Hexe, Krokodil, Zauberer, Kasper
Requisiten: Korb, Blume, Zauberstab, Räubersack
Bühnenbild: Wald
Musik: Ein Mädlein ist im Walde
Heh, ho, bin ein Räubersmann (Melodie: Heh, ho, spann den Wagen an)
Auf ich junger Wandersmann (Melodie: Auf du junger Wandersmann)

4. Bild — Großmutters Küche

Es spielen: Großmutter, Gretel, Kasper
Requisiten: Korb, Blume, Vase, Zauberstab, Sack
Bühnenbild: Küche
Musik: Summ, summ, summ, Bienchen summ herum

5. Bild — In der Wachstube

Es spielen: Wachtmeister, Kasper, Zauberer, Räuber, Fiffi, Seppel
Requisiten: Wachtmeisterrock, Sack, Zauberstab
Bühnenbild: Blauer Hintergrund und ein Gefängnisgitter
Musik: Freu dich des Lebens

Geheimauftrag für Kasper

Vorspann

Der Vorhang ist geschlossen, und aus der Ferne, dann immer näher kommend, ertönt Kaspers Stimme; er singt.

Kasper schaut plötzlich aus dem Vorhang hervor, guckt sich um und singt weiter.

Kasper Ri, ra, rutsch,
der König fährt 'ne Kutsch'.
Der Kasper fährt die Schneckenpost,
weil es keinen Pfennig kost' …
Kasper unterbricht seinen Gesang.

Guten Tag, Kinder. Schön, daß ihr da seid.

Die Kinder antworten.

Pssssssscht!!!! Leise, Kinder!
Kasper schaut sich geheimnisvoll um. Er vergewissert sich, daß keiner ihm gefolgt ist und ihm nun heimlich zuhört.

Kasper flüstert.
Kinder, könnt ihr ein Geheimnis für euch behalten? Ganz ehrlich?

Die Kinder antworten.

Gut; das Geheimnis ist: Ihr dürft mich eigentlich gar nicht sehen. Wir dürfen uns auch überhaupt nicht unterhalten. Weil …, das ist ja alles so geheim!
Kasper schaut sich vergewissernd um.

Wißt ihr, was das ist?
Kasper hält einen Brief hoch.

Die Kinder antworten.

1. Bild – Großmutters Küche

Kasper   Eine Nachricht vom König. – Streng geheim! – Darin steht: Ich soll heute zum König kommen. Es ist sehr wichtig und so geheim, daß ich keinem davon erzählen darf. Nicht einmal Gretel, Großmutter und Seppel dürfen davon erfahren, steht in dem Brief. Und der König höchstpersönlich hat ihn unterzeichnet.

Kasper schaut sich wieder vergewissernd um.
Aber euch kann ich doch davon erzählen, nicht wahr? Oder plaudert ihr Geheimnisse aus?

Die Kinder antworten.

Gut. – Im Brief steht schließlich nicht, daß ich mit euch nicht sprechen soll.

Kasper legt den Finger auf den Mund; die Turmuhr schlägt 2 Uhr.

Ach, verflixt und schwarzer Schnee! Jetzt muß ich aber los. Den König läßt man schließlich nicht warten. Großmutter und Gretel sind in der Küche, Seppel ist in die Sauna gegangen, und da kann ich nun unbemerkt verschwinden.

Kasper singt wieder „Ri, ra, rutsch ..." und geht ab.

 Großmutters Küche

Man hört Großmutters und Gretels Stimmen. Gretel will allein im Wald Pilze suchen. Vorhang auf; Großmutter und Gretel sind in der Küche. Die Großmutter läuft besorgt hin und her. Gretel singt.

Gretel   Ein Mädlein ist im Walde, ist ganz allein.
Es sammelt schöne Pilze, die sind gar fein.
Sag', wer mag das Mädlein sein,
das da geht im Wald allein?
Das kann wohl nur die Gretel, die Gretel sein.

Geheimauftrag für Kasper

Großmutter   Gretel, muß das denn sein? Kannst du denn nicht warten, bis Kasper zurückkommt oder Seppel? Es ist doch besser, wenn du nicht allein in den Wald gehst.

Gretel   Ach Großmutter! Der Seppel, auf den muß ich doch aufpassen. Und der Kasper?! Wer weiß, wann der zurückkommt? Der mit seiner Geheimnistuerei, nachdem ihm der Wachtmeister Anton Säusel einen geheimen Brief vom König überbracht hat und in dem wahrscheinlich steht, daß er heute zum König kommen soll und keinem – auch nicht dir, Seppel, und auch nicht mir davon erzählen soll. Weil es unheimlich wichtig, geheim und sonstwiewas ist.

Großmutter   Gretel, woher weißt du das?
Hast du den Brief etwa heimlich gelesen?

Gretel   I wo, so etwas mach' ich doch nicht! Das habe ich doch wahrhaftig nicht nötig.

Großmutter   Aber woher weißt du denn, um was es geht?

Gretel   Weil es immer so war, wenn der Wachtmeister Anton Säusel und nicht der Briefträger dem Kasper einen Brief vom König überbrachte.

Großmutter   Und du meinst, daß das mit dem „Sonstwiewas" so lange dauert, daß du nicht warten kannst, bis Kasper zurückkommt?

Gretel   Ich weiß es nicht, aber ich glaube es.
Ich weiß nur, daß Kasper versprochen hat, seine berühmte, leckere Pilzpfanne zu kochen. Und er will euch alle dazu einladen.

Großmutter   Hmmm, ja, Kaspers leckere Pilzpfanne!
Da läuft mir zuerst eine Gänsehaut den Rücken hinunter und dann das Wasser im Mund zusammen.

Gretel   Gänsehaut! Wieso Gänsehaut?

1. Bild – Großmutters Küche

Großmutter Der Gedanke an Giftpilze …

Gretel Großmutter! Wo ich doch immer die Pilze gesammelt habe.

Großmutter Ja, du kennst dich bei den Pilzen aus wie keine andere, aber ich hab' mal einen gekannt …

Gretel Alles Schauermärchen! Ich geh jetzt.

Großmutter Nein, warte doch! Ich mache mir Sorgen.

Gretel Ich hab' keine Angst, ich bin groß genug.

Großmutter Im Wald gibt es Räuber, Zauberer, Hexen …

spöttisch
Gretel Natürlich Großmutter!
Aber nur im Märchen!

Großmutter Mach dich nur lustig über die Großmutter! In der Ruine auf dem Schreckensberg sollen die Geister ihr Unwesen treiben. Es wird auch erzählt, daß der Zauberer Holypokus dort wohnen soll.

Gretel nimmt ihren Korb.

Gretel Die Krokodile hast du vergessen. Damit du beruhigt bist, nehme ich Fiffi mit. Komm, Fiffi, wir gehen in den Wald.

Fiffi kommt aus seiner Ecke, reckt und streckt sich und gähnt.

Großmutter Bitte nicht zum Schreckensberg und zur Ruine.

Gretel Natürlich nicht, Küßchen, tschüß.
Komm, Fiffi.

Dann singt Gretel „Ein Mädlein ist im Walde".

Geheimauftrag für Kasper

	seufzt
Großmutter	Ob Kasper wirklich zum König gegangen ist? Was es da wohl so Wichtiges, Geheimnisvolles und sonstwiewas zu besprechen gibt?

Vorhang zu

 Im Thronsaal

Der König kommt ungeduldig umherblickend in den Saal, demütig gefolgt von Wachtmeister Anton Säusel, der bei jedem „euer Ehren" dienert.

	ungeduldig
König	Wo bleibt Kasper denn nur? Wachtmeister, wie spät ist es?
Wachtmeister	Fünf Minuten nach 14.00 Uhr, euer Ehren.
König	Und wo – bitteschön – ist Kasper, Wachtmeister Anton Säusel?
Wachtmeister	Ich hoffe auf dem Weg zu euch, euer Ehren.
König	Das möchte ich wohl meinen, Wachtmeister Anton Säusel. Sie haben das Schreiben doch rechtzeitig und persönlich überbracht?

Der Wachtmeister antwortet – ein wenig verunsichert – in unterwürfiger Haltung.

Wachtmeister	Majestät! Euer Ehren, wie immer wurde die Nachricht, so wie es mir aufgetragen wurde, euer Ehren, entsprechend der geheimen königlichen Vorschriftendurchführungsverordnung, unmittelbar und fristgerecht, vom königlichen Zusteller, nämlich vom Wachtmeister Anton Säusel, von meiner Wenigkeit, euer Ehren, höchstpersönlich der vom König benannten Person, dem Kasper, zugestellt – und von diesem der Empfang quittiert. Jawohl, euer Ehren!

Er steht stramm.

2. Bild – Im Thronsaal

	ungehalten
König	Und wieso ist Kasper dann nicht hier?
Wachtmeister	Euer Ehren, wie uns die Erfahrungen aus vorausgegangenen Geschichten lehrt, haben euer Ehren diese Frage immer wieder gestellt. Soweit ich mich besinne, wurde sie bisher noch nie beantwortet.

Kasper kommt hereingeschlichen und stellt sich heimlich hinter den König.

König	Und warum?
	laut und fröhlich
Kasper	Darum! Der Kasper ist schon da!

Kasper verbeugt sich bei jeder genannten Eigenschaft übertrieben.
Guten Tag, hochwohlgeborene, königliche, hoheitliche, matjestätische und majonaisische Person.

Wachtmeister	Mehr Respekt und Ehrfurcht, Kasper!
Kasper	Wieviel denn noch?
König	Kommen wir zum Anlaß der Besprechung.
	müde
	Wachtmeister Anton Säusel, tragen Sie vor.
Wachtmeister	Euer Ehren, Kasper.
	kleine Sprechpause
	Die Angelegenheit ist äußerst ernst. Deshalb haben der König und ich beschlossen, das weitere Vorgehen vorerst im kleineren Personenkreis zu beraten.
Kasper	Spuck's schon aus. Was ist los?

König Fassen Sie sich kurz, Wachtmeister Anton Säusel. Bitte nur das Wesentliche.

Wachtmeister Wie euer Ehren wünschen.
Also, der allseits als gefürchteter Knopfräuber bekannte Karl Kasimir Konrad Knöpfle, amtlich geführt unter dem Kurzzeichen 4-K-R, ist aus dem Gefängnis geflüchtet.

Kasper Was? Abgehauen, ist das wahr?

Wachtmeister Ja, ich sagte es bereits. Es ist wahr! 4-K-R hat sich unter Anwendung einer heimtückischen und niederträchtigen List des Zellenschlüssels bemächtigt, und er ist – äh – abgehauen.

König 4-K-R, was bedeutet das?

Wachtmeister 1xK wie Karl, 1xK wie Kasimir, 1xK wie Konrad, 1xK wie Knöpfle sind 4K, und 1xR wie Räuber gibt 4-K-R.

König Aha!

Kasper Ja, zum Donnerwetter nochmal, wie hat er das denn geschafft?

Wachtmeister Als ich ihm Wasser und trocken Brot – sein Mittagessen – durch das Gefängnisgitter gab, riß der Bösewicht mir blitzschnell einen Uniformjackenknopf ab und warf ihn auf den Boden. Als ich mich bückte, um den Knopf aufzuheben, hat mir der Bösewicht heimlich und von mir unbemerkt den Türschlüssel vom Gürtel abgeknöpft.
Als ich am Nachmittag aus meinem Mittagsschläfchen aufwachte, war 4-K-R verschwunden. Er hat auch sein Räubermesser aus dem Schrank geholt und …, aber das ist unwichtig.

Kasper Was ist unwichtig? Erzähl weiter!

König Nun?

2. Bild – Im Thronsaal

Wachtmeister *schämt sich*
Der Unhold hat mir alle Knöpfe abgeschnitten – von Jacke, Hose und vom Hemd. Einfach alle!

Kasper Soso, alle Knöpfe, Herr Schlafmeister. Vielleicht hat der Herr Schlafmeister geträumt, wohin Karl Kasimir Konrad Knöpfle mit all den Knöpfen hingegangen ist. Und wie will der Herr Schlafmeister ihn wieder einfangen?

Wachtmeister Bitte, ich bin Wachtmeister, Wachtmeister Anton Säusel!

König Kasper, gerade deswegen haben wir dich ja gerufen. Der Wachtmeister braucht Verstärkung. Vorübergehend.

Kasper Ist ja prima! Ich setze mich an den Schreibtisch in die Wachtmeisterstube und schlafe. Inzwischen fängt Schlafmeister Anton Säusel den Räuber Karl Kasimir Konrad Knöpfle wieder ein. Einverstanden.

König Keine Scherze, Kasper! Wir vermuten, daß sich der Räuber im Wald in der Nähe der alten Ruine auf dem Schreckensberg verstecken wird, um von dort aus sein Unwesen zu treiben.

Wachtmeister Das heißt: Leuten auflauern, sie erschrecken und ihnen die Knöpfe abschneiden.

Kasper Auch das noch!
Gretel wollte in den Wald gehen und Pilze sammeln. Ich habe versprochen, das Pilzgericht zu schmoren, das sie so gerne ißt. Das kann brenzlig werden!

König Deshalb dachte ich an dich, Kasper. Deine Einfälle; vielleicht eine List? Mit dem Seppel zusammen?

Kasper Seppel ist in der Sauna, aber mir wird schon etwas einfallen, nicht wahr, Kinder? Wollt ihr mir auch helfen?

Die Kinder antworten.

Geheimauftrag für Kasper

Kasper Ich muß Gretel sofort suchen. Sie ist vielleicht in Gefahr. Zu gerne wüßte ich, was Gretel in diesem Augenblick macht!

Kasper verneigt sich vor dem König.
Majestät, auf Wiedersehen.

Kasper geht hinter dem Wachtmeister vorbei.

Gute Nacht, Herr Schlafmeister.

Der Wachtmeister läuft Kasper hinterher.

König Viel Glück, Kasper!

Vorhang zu

 Im Wald

Gretel sammelt Pilze und Fiffi läuft schnuppernd hin und her, um die Gefahren abzuwehren, die Gretel nicht wahrnimmt. Gretel singt „Ein Mädchen ist im Walde".

Gretel Ja, ja, die Großmutter mit ihren Räubergeschichten.

Fiffi Rrrrrrrr, wau, wau, rrrrrrrr, wau, wau, wau.
Fiffi verscheucht den Räuber, der seinen Räubersack über der Schulter trägt.

Gretel Fiffi, laß doch das Gekläffe! Du verschreckst die Vögel. Hexen gibt es doch nur im Märchen!

Fiffi Rrrrrrrr, wau, wau, rrrrrrrr, wau, wau, wau.
Fiffi verscheucht die Hexe.

Gretel Fiffi, du sollst doch nicht so einen Lärm machen! Großmutter und ihre Krokodile, die gibt es doch nur in Afrika am Nil.

3. Bild – Im Wald

Fiffi Rrrrrrrr, wau, wau, rrrrrrrr, wau, wau, wau.
Fiffi verscheucht das Krokodil.

Gretel Fiffi, jetzt kommst du hierher. – Huh, nun bin ich aber ganz schön tief in den Wald geraten.
Gretel schaut sich um.

Ich muß in der Nähe vom Schreckensberg sein. Ah, diese schönen Pilze nehme ich noch mit.

Der Zauberer kommt – von Gretel ungesehen.

Fiffi Wau, wau.

Der Zauberer verzaubert Fiffi mit wenigen Zauberstabbewegungen in eine Blume. Gretel blickt auf, weil Fiffi plötzlich still ist.

Gretel Fiffi? Was ist los?

Gretel sieht nun den Zauberer.
Guten Tag, verehrter Herr. Schön, hier jemanden zu sehen.
Wo der Hund nur wieder steckt? Fiffi!

Zauberer Vielleicht kann ich Ihnen helfen, verehrte Frau?

Gretel Gretel, ich bin einfach Gretel.

Zauberer Gestatten, mein Name ist Holypokus. Zauberer ist mein Beruf.
Hier ist dein Fiffi.
Er überreicht Gretel die Blume.

ungläubig
Gretel Sie wollen mich wohl veräppeln, mein Herr.

Zauberer Aber nein! Vorsicht mit der Blume, meine Dame!
Er zeigt mit dem Zauberstab auf die Blume.

Geheimauftrag für Kasper

Zauberer Sie sollten die Blume, pardon, Ihren Fiffi zärtlich behandeln.

Gretel Ich bin nicht Ihre Dame, Sie sind kein Zauberer, und diese Blume ist nicht Fiffi! Ich kann doch wohl meinen Hund von einer Blume unterscheiden.

Der Zauberer spricht lauter und schimpft.
Zauberer Ich mag es überhaupt nicht, wenn Fremde, auch wenn sie eine überaus reizende Person sind, in meinen Waldkräutern herumtrampeln und wenn deren Hunde meine Hasen verschrecken.

Gretel Verzeihung, ich wußte ja nicht …

Zauberer Papperlapapp! Alle Großmütter erzählen seit Urzeiten, daß es am Schreckensberg einen Zauberer gibt.

Gretel Ja, wenn Sie wirklich ein Zauberer sind, dann zaubern Sie mir Fiffi herbei und anschließend uns beide nach Hause.

Zauberer Den Fiffi halten Sie in der Hand.

Gretel Fiffi? – Der spinnt echt!
Sie schaut die Blume genau an.

Zauberer Ich brauche jetzt Ruhe. Nach Hause mit euch!

Er hebt die Arme und schwenkt den Zauberstab zum Zauberspruch.
Mirakel maronetti, zorrax rumbanell,
hinweg mit euch, aber schnell!

Gretel verschwindet mit Blume und Korb.

Endlich wieder ungestörte Ruhe. Zeit für mein Mittagsschläfchen auf dem weichen Moos.

Er legt sich hin und schläft ein.

3. Bild – Im Wald

Der Räuber tritt auf und spricht zu sich.
Räuber Was sehe ich da? Der Zauberer schläft, und der Zauberstab liegt neben ihm! Wenn ich dem Wachtmeister alle Knöpfe im Schlaf abschneiden kann, dann kann ich auch dem Zauberer den Zauberstab klauen.
Er nimmt den Zauberstab und verschwindet.

Kurze Zeit später erwacht der Zauberer.
Zauberer Nanu? Wo ist mein Zauberstab?
Das ist doch nicht möglich! Hatte ich ihn mitgenommen? Natürlich! Ich muß ihn verloren haben. Von dort bin ich gekommen, ich werde den Stab schon finden.
Der Zauberer geht ab.

Der Räuber tritt auf und singt.
Räuber He, ho, bin ein Räubersmann,
schneide Knöpfe ab bei jedermann.
Schärfe mir mein Messer,
's schneidet dann viel besser!
He, ho, bin ein Räubersmann.

Er spricht.
Hahaha, und jetzt verzaubere ich den Wachtmeister in ein Meerschweinchen, jawohl! Den König in ein Känguruh, hahaha. Oder besser in ein Kamel, juchuu! Dann den Kasper in eine Maus, die Gretel in eine Gans, den Seppel in einen Esel und die Großmutter in ein Huhn. Jucheee!

Er stellt seinen Räubersack auf den Boden und hüpft nun vor Freude umher.

Und dann zaubere ich mir Knöpfe, Knöpfe und nochmals Knöpfe! Große und kleine, dicke und dünne, goldene, silberne und bunte. Knöpfe in allen Farben und Arten. Heute Knöpfe, morgen Knöpfe und übermorgen noch mehr Knöpfe.

Der Räuber geht ab.

Geheimauftrag für Kasper

Kasper kommt schimpfend.

Kasper Da hat man den Salat. Der Schlafmeister läßt den Räuber los, und wer muß ihn fangen? Ich, der Kasper! Und meine Gretel mittendrin in der Räuberhöhle. Wenigstens hat sie Fiffi mitgenommen.
Gretel, Fiffi! Könnt ihr mich hören?

Kasper ruft nochmal.

Nichts, wie vom Erdboden verschluckt. Kinder, habt ihr vielleicht Gretel und Fiffi gesehen?

Die Kinder antworten.

Ach du meine Güte, da muß ich schnell nach Hause gehen.

Der Räuber springt aus dem Gebüsch hervor, den Zauberstab in der Hand.

Räuber Knöpfe her oder dein Leben?

spöttisch
Kasper Ah, Herr Karl Kasimir Konrad Knöpfle, Berufsknopfräuber, wenn ich mich nicht irre.

Räuber Genau! Und du bist Kasper.

Kasper Haargenau! Aber wenn du meinst, du könntest mich mit dem Stöckchen erschrecken oder ängstigen, dann muß ich dich leider enttäuschen.

selbstbewußt
Räuber Das ist ein Zauberstab. Den habe ich dem Zauberer geklaut.
Übrigens habe ich beobachtet, wie der Zauberer Gretel weggezaubert hat. – Schwups! – Und Fiffi hat er in 'ne Blume verzaubert. – Schwups!

Kasper Das haben mir die Kinder schon erzählt.

3. Bild – Im Wald

Räuber *drohend*
Dich verzaubere ich jetzt in 'ne Maus. Schluß aus!

Kasper *Kasper ergreift schnell den Zauberstab.*
Eins – zwei – drei,
hüpf du faules Ei!

Räuber *Der Räuber muß nun hüpfen.*
Was soll das?!
Aufhören! Schluß damit! Genug!
Ich kann nicht mehr, mir wird schwindelig. Mir ist schon ganz schlecht!
Hilfe, Kasper, so hilf mir doch! Bitte Kasper!

Kasper wartet eine Weile, und der Räuber jammert immer erbärmlicher.

Kasper Eins – zwei – drei,
steh Du faules Ei!

Räuber Oh weh, das ist ja unheimlich.
Der Räuber läuft davon, läßt aber Sack und Zauberstab zurück.

Kasper *erstaunt*
Da läuft er weg. Schade! Ich dachte, der würde stocksteif stehenbleiben, und der Schlafmeister könnte ihn dann abholen. Das mit der Zauberei ist offenbar nicht so einfach. Kinder was mach' ich jetzt?

Die Kinder antworten.

überlegt
Den Räuber knöpfe ich mir später nochmal vor. Was mach' ich mit dem Knopfsack und dem Zauberstab? – Natürlich ins Fundbüro zum Wachtmeister. Aber zuerst vergewissere ich mich noch, ob Gretel gesund zu Hause angekommen ist … und Fiffi.

Kasper nimmt die Sachen und geht singend ab.

Kasper Lauf', ich junger Wandersmann,
lauf' nach Haus so schnell ich kann,
muß mal nach der Gretel schaun.
Will den Fiffi als Blume sehn,
wird er in der Vase stehn?
Großer Zauber, so ist's nun mal,
anzuschauen überall.

Vorhang zu

 Großmutters Küche

Großmutter läuft aufgeregt in der Küche auf und ab.

Großmutter Ach Kurt, ach Kurt, ach Kurt! Das ist ja schrecklich, fürchterlich schrecklich. Der Kasper hat erzählt, daß der Räuber Karl Kasimir Konrad Knöpfle aus dem Gefängnis entwischt ist. Er soll sich gerade da im Wald versteckt haben, wo Gretel Pilze sucht. Ach Kurt, ach Kurt, ach Kurt! Das ist so schrecklich, fürchterlich schrecklich. Und ich kann überhaupt nichts machen. Kasper ist losgegangen, um Gretel zu suchen. Ganz allein.
Ach Kurt, ach Kurt, ach Kurt! Wie ist das fürchterlich!

Gretel kommt durch die Luft geflogen und landet auf dem Rücken der Großmutter.

erschrocken
Hilfe, zu Hilfe, ich werde überfallen, so helft mir doch!

Gretel Großmutter, warum schreist du so, was ist mit dir?

Großmutter Du hüpfst mir auf den Rücken, erschreckst mich fast zu Tode und fragst, was mit mir ist? Wo kommst du überhaupt her?

Gretel Ein Zauberer hat mich heimgezaubert. Ist Kasper schon vom König zurück?

4. Bild – Großmutters Küche

Großmutter Ja, Kasper ist dich suchen gegangen, weil der Räuber Karl Kasimir Konrad Knöpfle aus dem Gefängnis ausgebrochen ist und im Wald sein Unwesen treibt.
Was hast du denn da für eine wunderschöne Blume?

traurig
Gretel Fiffi, das ist Fiffi, den der Zauberer Holypokus in eine Blume verwandelt hat.

entsetzt
Großmutter In eine Blume? Ach Kurt, ach Kurt, ach Kurt! Der arme Fiffi ist in eine Blume verwandelt!
Und was machen wir jetzt mit Fiffi?

Gretel In die Vase stellen. Was denn sonst? Und abwarten und Tee trinken, bis Kasper zurückkommt.
Vielleicht begegnet er ja auch dem Zauberer, und huiiii – sitzt er dann hier auf dem Tisch.

Großmutter Verrückt ist das, einfach verrückt.

Summen aus dem „Off".
Fliege SSSSSsssssssssSSSSSSSSssssssssssss

„Die Fliege setzt sich"; Großmutter schlägt nach ihr.

Großmutter Diese lästige Fliege!

Sie versucht, die Fliege zu töten.
Schade, daneben.

Gretel Und wenn es der verzauberte Kasper ist?

Großmutter Gretel, du machst Witze! Ist das dein Ernst? Ach Kurt, ach Kurt, ach Kurt! Vielleicht hätte ich beinahe Kasper plattgeschlagen. Ach, ist das fürchterlich schrecklich, fürchterlich!

Kasper kommt herein.

Geheimauftrag für Kasper

Kasper	Was ist denn hier los?
	erleichtert
Großmutter	Kasper! Gott sei Dank! Bist du gesund?
Gretel	Ach Kasper, ich bin ja so froh, daß du zurück bist.
Kasper	Ich auch! Der Räuber ist mir leider entwischt. Aber seht her, den Räubersack und den Zauberstab habe ich ihm abnehmen können.
Gretel	Erzähl, Kasper!
Kasper	Später! Ich wollte nur nachschauen, ob du und Fiffi gut angekommen seid, Gretel?
Gretel	Ja, bis auf Fiffi, der ist in eine Blume verwandelt worden.
Kasper	Das wird nicht von Dauer sein. Ich bring' die Sachen schnell auf die Wachstube zum Wachtmeister. Bis gleich!
	Summen aus dem „Off".
Fliege	SSSSSsssssssssSSSSSSSSssssssssssss
	Kasper geht ab und singt „Summ, summ, summ ...". *Die Fliege fliegt davon, und die Großmutter schaut ihr hinterher.*
Großmutter	Komisch! Mit Kasper ist auch die Fliege verschwunden.
	Vorhang zu

5. Bild – In der Wachstube

Der Wachtmeister näht Knöpfe an.

Wachtmeister So, das war der letzte Knopf, alles wieder perfekt.

Kasper kommt mit dem Räubersack und dem Zauberstab herein.

Kasper Tach, Herr Schlafmeister Anton Säusel.

empört
Wachtmeister Kasper, auch für dich immer noch Wachtmeister!

Kasper Klar Anton, ich versteh' schon.

Wachtmeister Kasper, ein bißchen mehr Respekt vor der Obrigkeit, bitte.

Kasper Oh wie säuselt's mir vor der Obrigkeit.

Wachtmeister Schluß jetzt!

Kasper Ich fang' doch gerade erst an.
Eine Fundsache oder sichergestelltes Räubergut. Ein Sack voller Knöpfe und ein Zauberstab. Der Räuber selbst ist mir durch die Lappen gegangen. Den muß ich mir später vorknöpfen.
Kann ich jetzt gehen?

bestimmt
Wachtmeister Nein! Nach der königlichen Protokolldurchführungsverordnung hat sich der Überbringer von Fund- und Beutestücken für die Erstellung eines Protokolls zur Verfügung zu halten.

Kasper Muß das sein?

Wachtmeister Gesetz des Königs.

Geheimauftrag für Kasper

Kasper   Gibt es auch ein Schlafmeisterräuberlaufenlassengesetz?

Der Wachtmeister tut so, als hätte er diese Beleidigung nicht gehört.

Der Zauberer kommt hinzu.
Zauberer   Guten Tag, ist das hier auch das Fundbüro?

Wachtmeister   Ja. Sie haben etwas verloren?

Zauberer   Meinen Zauberstab. – Schau an, da ist ja mein Zauberstab. Dann kann ich ihn ja gleich mitnehmen.

belehrend
Wachtmeister   Mein Herr, so einfach geht das nicht! Nach dem königlichen Fundsachengesetz müssen Sie mir nachweisen, daß der Zauberstab Ihr Eigentum ist. Ich brauche eine Quittung, einen Beleg oder ähnliches.
Aber zuallererst muß ich Kaspers Protokoll aufnehmen. Mein Herr, Sie müssen sich solange gedulden.

Kasper   Herr Wachtmeister, wäre es nicht besser, den Zauberstab wegzuschließen?

Wachtmeister   Richtig, Kasper. Wer weiß, was alles passieren kann, wenn der Zauberstab in falsche Hände gerät.
Der Wachtmeister greift nach dem Zauberstab.

Kasper spricht schnell.
Kasper   Eins – zwei – drei, hüpf' du faules Ei.

Der Wachtmeister hüpft.
Wachtmeister   Was soll der Unfug, aufhören, stopp, Hilfe, zu Hilfe!

Kasper   Herr Wachtmeister, Sie könnten ja den freundlichen Herrn bitten, den Zauber zu beenden. Wenn er Zauberer ist, dann kann er das.

Wachtmeister   Bitte, Herr Zauberer, bitte, bitte.

5. Bild – In der Wachstube

Zauberer   Eins – zwei – drei, der Zauber sei vorbei.

wieder selbstbewußt
Wachtmeister   Das beweist noch gar nichts!
Für beide eine Ordnungsstrafe von 20 Mark.

Kasper/   Eins – zwei – drei …
Zauberer   Eins – zwei – drei …

Wachtmeister   Äh, halt, es geht auch so. Ist schon gut.

Zauberer   Könnte ich meinen Zauberstab zurückhaben?

Wachtmeister   Nein, nein, nein und nochmals nein. Wofür haben wir denn die Gesetze?

Kasper   Ich hab' da so 'ne Idee. Ein abschließender Beweis gefällig, Herr Schlafmeister?
Wenn dieser Herr hier Zauberer ist, und das da der Zauberstab des verehrten Herrn, dann kann er sicherlich den Räuber Karl Kasimir Konrad Knöpfle hierher ins Gefängnis zaubern.
Was haltet ihr davon Kinder?

Die Kinder antworten.

Wachtmeister   Ob das rechtmäßig ist?

Zauberer   Für mich ist das kein Problem. Sicherlich ist es für alle besser, wenn der Räuber wieder in Gewahrsam ist.
Bitte, Herr Wachtmeister, nehmen Sie den Zauberstab, und sprechen Sie den Zauberspruch nach:
Zaubriborium, Räuberhut und Hühnerbein,
Karl Kasimir Konrad Knöpfle soll im Gefängnis sein.

Wachtmeister   Zaubriborium, Räuberhut und Hühnerbein,
Karl Kasimir Konrad Knöpfle soll im Gefängnis sein.
Der Räuber ist plötzlich im Gefängnis.

Geheimauftrag für Kasper

Wachtmeister	*ungläubig* Tatsächlich, 4-K-R, habe ich dich gefangen! Du dachtest wohl, du könntest mir, Wachtmeister Anton Säusel, entkommen?
Räuber	Ich gestehe, daß ich den Zauberstab gestohlen habe. *Er wendet sich an Kasper.* Aber bitte, laß mich nicht wieder hüpfen!
Zauberer	Mein Zauberstab, Herr Wachtmeister.
Wachtmeister	Hier, bitte, und vielen Dank. *dienert*
Zauberer	Danke. *Der Wachtmeister will gehen.*
Kasper	Wo willst du denn hin, Anton? Was ist mit dem Protokoll, Herr Schlafmeister?
Wachtmeister	Keine Zeit. Ich muß dem König Bericht erstatten. Er wird nicht umhinkommen, mich, Wachtmeister Anton Säusel, wegen besonderer Verdienste bei der Ergreifung des Räubers Karl Kasimir Konrad Knöpfle zum Oberwachtmeister zu ernennen. *Der Wachtmeister eilt davon.*
Kasper	Da geht er, der Oberschlafmeister, und läßt Gefängnis und Wachstube allein! Herr Zauberer, eine Gefälligkeit noch?
Zauberer	Bitte, womit kann ich dienen?
Kasper	Vielleicht zwei Gefälligkeiten?
Zauberer	Kommt darauf an.

5. Bild – In der Wachstube

Kasper Erstens: Fiffi, mein Hund, steht noch in der Blumenvase.

Zauberer Schon entzaubert. Und zweitens?

Kasper Mein Freund Seppel ist doch heute ohne mich in die Sauna und zur Massage gegangen. Da soll der Massagemeister denken, wenn er den Seppel massiert, er würde Brotteig kneten.

Zauberer Kein Problem. Ist schon geschehen.

Fiffi kommt in die Wachstube gelaufen. Der Zauberer geht ab.

Der Vorhang schließt sich langsam.

Kasper Ach, mein Fiffi, komm her mein Freund. Siehst du, jetzt ist alles wieder gut; also lassen wir es uns gutgehen!

Seppel ist aus dem „Off" zu hören.

Seppel Au, au, au mir tut alles weh.
tritt auf

Kasper Ach, mein Freund Seppel, was ist dir denn passiert?

Seppel Au, ah, au, au weh. Der Massagemeister hat mich heute wie Brotteig durchgeknetet!

Kasper Wirklich Seppel? Das kann ich gar nicht glauben. Nicht wahr Kinder, das ist doch unglaublich?!

Kasper singt.
Freu dich des Lebens,
bist mal so richtig durchmassiert.
War bestimmt nicht vergebens,
's ist ja sonst nichts passiert.

Vorhang zu

Zum gleichen Thema sind im FALKEN Verlag bereits erschienen:
Guten Tag, Kinder, 0861
Kasperle kommt, 1392
Kasperletheater, 60049

Titelfiguren aus dem Kersa-Atelier Mindelheim

ISBN 3 8068 1632 8

© 1995/1996 by Falken-Verlag GmbH,
65527 Niedernhausen/Ts.
Die Verwertung der Texte und Bilder, auch auszugsweise, ist ohne Zustimmung des Verlags urheberrechtswidrig und strafbar. Dies gilt auch für Vervielfältigungen, Übersetzungen, Mikroverfilmung und für die Verarbeitung mit elektronischen Systemen.

Umschlaggestaltung: Andreas Jacobsen
Layout: Peter Beckhaus, Mainz
Redaktion: Marion Schulz
Nachauflagenredaktion: Ronit Jariv
Titelbild: Kersa-Atelier, Mindelheim / Michael Christian Peters
Zeichnungen: Katja Rosenberg, Wiesbaden

Die Ratschläge in diesem Buch sind von den Autoren und vom Verlag sorgfältig erwogen und geprüft, dennoch kann eine Garantie nicht übernommen werden. Eine Haftung der Autoren bzw. des Verlags und seiner Beauftragten für Personen-, Sach- und Vermögensschäden ist ausgeschlossen.

Satz: FROMM MediaDesign, Selters/Ts.
Druck: Konkordia Druck GmbH, Bühl/Baden